Inhalt

W0306204

Vorwort

Es braucht manchmal einen kleinen Anstoß von außen, um Dinge einmal ganz anders zu sehen. In seiner Heimat verliert man zwischen Alltag und Altbekanntem zuweilen den Blick für das Besondere – dabei gibt es auch hier jeden Tag wieder viel zu entdecken. Man muss nur genau hinsehen und jemanden haben, der einen darauf stößt. Lassen Sie uns Ihnen mit diesem Buch ein kleiner Anstoß sein, die Region Hannover noch einmal ganz anders zu sehen: abseits der bekannten Pfade und der bereits erzählten Geschichten. Ob Sie nun in Linden, Lehrte oder Brelingen zuhause sind – oder als Besucher in der niedersächsischen Landeshauptstadt mal etwas anderes sehen wollen als das Neue Rathaus, den Maschsee und das Steinhuder Meer.

Mit der „Geheimnis"-Reihe lädt die Initatorin Eva-Maria Bast auf eine Reise in die Region Hannover ein – in ihre Städte, Dörfer, zu ihren Menschen und deren Geschichten. Im zweiten Hannover-Band der erfolgreichen Reihe entfernen wir uns etwas von der Landeshauptstadt und schauen hinter die Wälder, Wiesen, Kirchenmauern und Felder im Umland. 50 hannoversche Geheimnisse finden Sie in diesem Buch – und 40 davon führen Sie hinaus aus der Stadt und in die Gegend zwischen Deister und Calenberger Land. Denn die Geheimnisse dieser Region sind längst nicht alle erzählt...

Wer kennt die Geheimnisse eines Ortes am besten? Diejenigen, die dort zuhause sind. Die die Menschen kennen und wissen, warum dieser eine Stein genau an dieser Ecke liegt – und wie er dort hinkam. Darum haben die Lokalredakteure der Hannoverschen Allgemeinen Zeitung für Sie viele der Geheimnisse für dieses Buch zusammengetragen. Denn das ist auch immer die Aufgabe von Lokaljournalisten: dort hinzusehen, wo noch niemand genauer hingesehen hat. Aus den Lokalredaktionen im Umland Hannovers berichten unsere Journalisten täglich und immer aktuell über das Leben in der Nachbarschaft. Die Autoren dieses Buches, Eva-Maria Bast, Rosa Legatis und Bert Strebe, haben sich nun etwas mehr Zeit genommen, um nach den Tipps der Lokaljournalisten den Ursprüngen der Geheimnisse auf den Grund zu gehen und mit den Menschen zu sprechen, die sie bisher hüteten oder gar aufgedeckt haben. Unsere Autoren sind echte Kenner der Region mit viel Engagement für ihre Heimat.

Wenn Sie mögen, nehmen die Autoren Sie mit durch die Region mit ihren mehr als eine Million Einwohnern. Jeder der 21 Gemeinden widmet das Buch zwei Geheimnisse: Da ist der Brelinger Riese – an der Straße von Bennemühlen nach Brelingen in der Wedemark. Ein sieben Meter großer Kerl aus Weidenruten. Nun gut, ein Geheimnis ist er wohl kaum, so offensichtlich, wie er hier ins Auge fällt. Doch warum steht er da? Wir nehmen Sie auch mit auf einen Streifzug zurück in die Mitte des 19. Jahrhunderts, als die St. Andreas-Kirche in Springe renoviert wurde – und man beim Türgriff auf König Georg V. Rücksicht nahm... Hannovers ehemaliger Oberbürgermeister Herbert Schmalstieg spaziert mit Ihnen zum Eingang des von Altenschen Schlossgartens im hannoverschen Szene-Stadtteil Linden, wo ein Stein noch heute Geschichten aus dem Mittelalter über Schuld, Sühne und Sage erzählt.

Sie sehen: Es lohnt sich, auf einen Streifzug durch die Region Hannover zu gehen und Altbekanntes vielleicht mit einem ganz neuen Blick zu sehen. Tauchen Sie ein in hannoversche Geschichte und Geschichte(n). Und wenn Sie noch ein (unerzähltes) Geheimnis dieser Stadt kennen – bei uns ist es gut aufgehoben! Ich wünsche Ihnen viel Freude beim Lesen – und Entdecken!

Herzlichst, Ihre

Hannah Suppa
Stv. Chefredakteurin der Hannoverschen Allgemeinen Zeitung

Die Autoren

Eva-Maria Bast, Jahrgang 1978, ist Leiterin von „Bast Medien". Sie initiierte und schreibt die Buchreihe „Geheimnisse der Heimat", die 2011 startete, rasch zu einem regionalen Bestseller wurde und die 2016 in 31 Bänden vorliegt. 2012 wurde die Tageszeitung Südkurier für die Geheimnis-Reihe mit dem Deutschen Lokaljournalistenpreis der Konrad-Adenauer-Stiftung in der Kategorie „Geschichte" ausgezeichnet. 2012 begann Bast sich auch der Belletristik zu widmen. Im Frühjahr 2014 erschien Teil 1 (Mondjahre), 2015 Teil 2 (Kornblumenjahre) und 2016 Teil 3 (Dornenjahre) ihrer zeitgeschichtlichen Jahrhundert-Saga. Seit Juni 2015 ist sie Gastdozentin an der Hochschule der Medien Stuttgart. Eva-Maria Bast lebt mit ihrer Familie am Bodensee.

Rosa Legatis, Jahrgang 1974, ist in Hannover geboren und aufgewachsen. Mehr als ein Jahrzehnt arbeitete sie als freie Journalistin unter anderem für den Norddeutschen Rundfunk (NDR) – Hörfunk und Online – in Niedersachsen und für das Internetmagazin evangelisch.de. Inzwischen ist sie Pressesprecherin der SPD Niedersachsen und außerdem als freie Moderatorin tätig. Sie lebt mit ihrer Familie in Hannover.

Bert Strebe, Jahrgang 1958, hat jahrzehntelang als Redakteur gearbeitet, vor allem für die Hannoversche Allgemeine Zeitung. Dort war er erst in der Niedersachsenredaktion und dann in der Lokalredaktion tätig. Zuletzt arbeitete er sieben Jahre lang in der Kulturredaktion. Seit 2008 ist er freier Schriftsteller und Journalist und lebt seit 2009 in Warpe, einem Dorf zwischen Hannover und Bremen. Er schreibt literarische Texte sowie Features, Reportagen und Kritiken.

01

Altar

Vom roten Teppich bis zur Siegesfahne

Haben Sie schon mal Ihre Hände in Unschuld gewaschen? Sind von Pontius zu Pilatus gerannt? Haben jemandem den roten Teppich ausgerollt? Oder einem Menschen einen – man möge den Ausdruck verzeihen – Arschtritt versetzt? „Das sind Redewendungen, die Unzählige gebrauchen, ohne sich darüber Gedanken zu machen", erklärt Kirchenpädagogin Marion Wrede. Bis auf die Redewendung vom Arschtritt stammen alle aus der Bibel. „Und die meisten Hannoveraner wissen nicht, dass diese Szenen auf dem Flügelaltar der Marktkirche abgebildet sind."

Die Redewendung „Ich wasche meine Hände in Unschuld" taucht schon im Alten Testament auf. Auf dem hannoverschen Altar abgebildet und wesentlich bekannter ist allerdings die Redewendung aus dem Neuen Testament: Nachdem Judas Jesus verraten hatte, beschuldigte man Jesus der Gotteslästerung. „Er wird vor den römischen Statthalter Pontius Pilatus geführt, der das Todesurteil sprechen soll", schildert Marion Wrede die Situation. „Doch Pontius Pilatus zweifelt an Jesu Schuld und will das Urteil daher nicht sprechen." Trotzdem ist er im Neuen Testament derjenige, der Jesus zum Tod verurteilt. Die Anklage der Hohepriester lautet, Jesus habe sich selbst zum König der Juden ernannt. Der Druck auf Pontius Pilatus ist groß, er hat keine Möglichkeit, die Klage zu ignorieren. Marion Wrede fasst zusammen: „Pontius Pilatus kann nichts an ihm finden, doch alle schreien: Kreuzige ihn! Bevor Pontius Pilatus aber Jesus dem Volk zur Kreuzigung übergibt, wäscht er seine Hände. Damit drückt er aus: Ich habe damit nichts zu tun. Ihr habt gesagt, ich solle ihn kreuzigen."

Wer gerne von sich sagt, er wasche seine Hände in Unschuld, ist sicherlich auch schon mal von Pontius zu Pilatus gelaufen – auch diese Redewendung geht, wie man sich denken kann, auf den römischen Statthalter zurück –, und zwar wieder im Zusammenhang mit der Verurteilung Jesu. Wer von Pontius zu Pilatus läuft, der rennt von hier nach dort, und das ganz umsonst. In der Passion Jesu im Lukasevangelium schickt

Diese Redewendung kennt jeder: Seine Hände in Unschuld waschen. Auf dem Altar in der Marktkirche ist ihr Ursprung dargestellt.

Pontius Pilatus Jesus zu Herodes Antipas. „Er bittet diesen, Jesus zu verhören, weil er selbst ihn nicht für schuldig befinden kann. Doch Herodes kommt zum selben Schluss und schickt ihn zurück zu Pontius Pilatus, der ihn schließlich kreuzigen lässt", erklärt die Hannoveranerin. „Eigentlich ist die Redewendung also falsch überliefert", findet sie. „Es müsste heißen: Von Pontius Pilatus zu Herodes und wieder zurück zu Pontius Pilatus ."

Auf dem Altar ist Jesus außerdem als Auferstandener mit einer Fahne abgebildet. „Wenn ich Schülern den Altar erkläre, dann frage ich sie, wann sie denn eine Fahne schwenken." Die meisten hätten sofort einen Bezug zum Fußball. „Besonders gerne werden die Fahnen als Zeichen des Sieges geschwenkt", sagt Marion Wrede. (In Hannover natürlich vor allem, wenn Hannover 96 gewinnt.) Auch das habe einen biblischen Ursprung, der auf dem Altar abgebildet ist: „Jesus hält die Fahne nach seiner Auferstehung als Zeichen seines Sieges über den Tod empor."

Und dann ist da ja noch der Arschtritt, der ebenfalls auf dem Altar abgebildet ist. „Jesus tritt dem Teufel im wahrsten Sinne des Wortes in den Arsch, als er Adam und Eva aus der Hölle befreit. Das bedeutet: Er hat die Macht, der Teufel kann nichts machen", erklärt Wrede. „Dann geht die Tür auf und Eva und Adam treten in die Freiheit. Das ist das Zentrum unseres Glaubens: die Erlösung von unseren Sünden."

Und der rote Teppich? „Ich behaupte immer, dass heute kein Mensch mehr weiß, dass wir den roten Teppich auslegen, weil die Leute damals, bei Jesu Einzug nach Jerusalem, ihre Gewänder auf den Boden legten, damit seine Füße nicht schmutzig wurden." Marion Wrede fährt fort: „Und heute nehmen wir den roten Teppich, wenn wir hochgestellte Persönlichkeiten empfangen." Auch wenn diese ganz und gar weltliche Aufgaben erfüllen. „Die Bibel ist eben Ursprung für so vieles", sagt sie. „Selbst für den roten Teppich von Stars und Sternchen."

Eva-Maria Bast

So geht's zum Altar:

Er befindet sich in der Marktkirche, die „Am Markte" steht.

Herbert Schmalstieg hat sich intensiv mit dem Brüningstein beschäftigt.

02

Brüningstein

Ist ein Falke an allem schuld?

Er wirkt etwas verlassen, der graue Stein im Beet. Und er ist es auch: Tagaus, tagein steht er unbeachtet dort – die Konkurrenz des prachtvollen Torhauses und des noch viel prachtvolleren von Alten'schen Schlossgartens dahinter ist einfach zu groß. Jeder, der vor dem Tor steht, staunt über diese Schönheit und blickt nicht nach rechts oder nach links. Der Stein kann da nur verlieren. Schade, denn es lohnt sich, ihn genauer in Augenschein zu nehmen, wie Hannovers ehemaliger Oberbürgermeister Herbert Schmalstieg das getan hat. Dann entdeckt man nämlich ein Kreuz und eine Inschrift.

Beide sind der Einstieg in eine spannende, wenn auch nicht bis ins letzte Detail geklärte Geschichte. „Denn zu diesem Stein", sagt Schmalstieg, „gibt es mehrere Vermutungen." Eine davon lautet, dass er ein Überbleibsel einer Gerichtsstätte aus Linden ist. Tatsächlich soll es in Linden „eine alte Dingstätte im Marstemgau" gegeben haben, „die 1130 zur Enger'schen Grafschaft der für Hannover so bedeutenden Grafen von Roden gehörte", wie Adolf Hoffmann 1935 in einem Buch mit dem Titel „Die mittelalterlichen Steinkreuze, Kreuz- und Denksteine in Niedersachsen" schreibt. Hoffmann zufolge soll sich die Gerichtsstätte rechts des Ihmebachs befunden haben und von sechs Kreuzsteinen umgeben gewesen sein. Möglicherweise stamme der graue Stein neben dem Torhaus daher und sei später, im ausgehenden 19. Jahrhundert, um die Inschrift ergänzt worden. Anhand von Holzstichen aus dem Jahr 1736 lässt sich nachvollziehen, dass der heutige Platz des Steines nicht der originäre ist: Danach stand er früher in der Nähe der Ihmebrücke vor dem Calenberger Tor. Er musste mehrfach umziehen, bis Graf von Alten-Linsingen ihn im Jahre 1890 an den heutigen Platz bringen ließ. „Man vermutet, dass er davon ausging, es handle sich um einen Sühnestein, der seinen Vorfahren gewidmet war", erzählt Herbert Schmalstieg. Daraufhin ließ er die Inschrift *DOM. NOB. OB. BRUNING DE. ALTEN 20. Oct. A.D. 1413* einmeißeln. Urkundlich belegt ist jedoch nicht, dass es irgendwann einen Sühnestein für Brüning von Alten gegeben hat.

Aber es gibt eine Sage. Und die geht so: Zwei gute Freunde, der Ritter Brüning von Alten und der Ritter von Haus, gerieten im Jahr 1340 in einen furchtbaren Streit, weil dem Ritter von Haus ein Jagdfalke entflogen war, den ein Knecht des Ritters von Brüning im Wald fand. Bei seinem Versuch, das Tier einzufangen, wurde er vom Falken verletzt. In der Sage heißt es: „Darüber geriet er in heftigen Zorn und schnitt dem Vogel, als er ihn endlich in seiner Gewalt hatte, die Fänge ab." Als von Brüning erfuhr, dass der Falke seinem Freund gehört, ließ er ihn ihm schicken, und von Haus reagierte mit großer Wut darauf, dass man das Tier so gequält hatte, schwor Rache – und fortan taten sich die beiden Männer Böses an, wo immer sie nur konnten. „Das begann damit, dass einer dem anderen einen Wagen mit Wein klaute, und ging immer so weiter, bis Brüning von Alten seinen Kontrahenten zum Duell forderte", erzählt Schmalstieg. Der Sage zufolge fielen beide Ritter bei dem Duell. Ereignet haben soll sich all das am 20. Oktober 1413, und zur Erinnerung an das blutige Ereignis habe man den Stein aufgestellt.

Es ist nur eine Sage. Aber wie schon die Geschichte vom Siebenmännerstein im ersten hannoverschen Geheimnis-Buch lehrt, haben Sagen oft einen wahren Kern. Und tatsächlich findet sich im Archiv des Klosters Barsinghausen ein Vertrag von Anfang des 15. Jahrhunderts. Darin vereinbaren die Edelleute Herman und Brant von Haus mit den Vormündern des Corde von Alten, Nachfahre des Brüning von Alten, Geldzahlungen als Sühne für den in einem Duell gefallenen Brüning von Alten. Dass der Ritter von Haus in dem Duell gefallen sei, davon ist nicht die Rede, und hierzu gibt es in der Sage verschiedene Varianten. 1000 rheinische Gulden sollen innerhalb von vier Jahren bezahlt werden, damit dem Verstorbenen eine Kapelle errichtet werden kann. Außerdem sieht der Vertrag vor, dass „100 Ritter und Knechte mit einem Wachslicht von je einem Pfund Gewicht an 100 Seelenmessen in einer Kapelle der Neustadt von Hannover teilnehmen sollen". Bei der Messe sollten sie „ein silbernes Bahrtuch auf die Bahre ziehen und Bahrlichte bringen". Weiter heißt es: „Sodann werden 20 Gulden bereits im ersten Vierteljahr zum Bau der Kapelle gefordert." Weiter ist in dem Vertrag die Rede davon, dass man „auch des seligen Evers von Jeinsen Seele gedenken" solle, „der mit Brüning von Alten zusammen den Tod fand". Wer dieser Evers von Jeinsen war, ist ungeklärt. Möglicherweise fiel er mit von Alten im Duell – die Sage überspitzt dies, indem sie von mehreren gefallenen Anhängern berichtet. Eine Wallfahrt sah der Vertrag auch vor. Doch ob er je erfüllt wurde, ist unklar. Ebenso unklar ist, ob der Stein ursprünglich von einer Gerichtsstätte stammt oder ob es sich um ein Sühnekreuz handelt.

In jedem Fall erinnert er an die Gerichtsbarkeit des Mittelalters. Denn Sühnekreuze wurden, wie der Name schon sagt, von Tätern aufgestellt, um Buße für ein Vergehen zu tun. Und oft war das Aufstellen derselben auch Teil der Sühneforderungen der Angehörigen des Opfers. Wie es sie ja auch zwischen den Erben der beiden Ritter gegeben hat.

Eva-Maria Bast

So geht's zum Brüningstein:

Er steht im Stadtteil Linden in der Von-Alten-Allee, rechts vor dem östlichen Torhaus am Eingang zum von Alten'schen Schlossgarten.

Freimaurer Dr. Siegfried Schildmacher kennt die Symbolik dieser Steine.

03

Drei Steine

Druiden-Altar und ein Garten voller Symbolik

Drei Steine. In einem verwunschenen Garten. Einem Park mit viel Hintergrund, Symbolik und Geschichte. Wenn man ihn durchstreift, entdeckt man drei große Findlinge. Es waren einmal vier, sagt Dr. Siegfried Schildmacher, das war aber falsch, weil in alten Schriften stets nur drei Steine erwähnt wurden. Also holte der Fachbereich „Umwelt und Stadtgrün" den vierten Stein ab und brachte ihn weg. Der Garten, in dem die Steine liegen, ist ein Freimaurer-Garten, und Siegfried Schildmacher ist selbst Freimaurer – seit Jahrzehnten. Nicht nur das: Er ist Meister vom Stuhl, also Vorsitzender der Freimaurerloge „Friedrich zum Weißen Pferde", und natürlich hängen auch die drei Steine mit den Freimaurern zusammen.

Bevor er aber ihre Geschichte erzählt, erzählt er die des 40 Hektar großen Gartens. Angelegt wurde der ab 1767 von Jobst Anton von

Hinüber (1718-1784) – nach englischem Vorbild: Der Amtmann des Klosters Marienwerder sei häufig nach Großbritannien gereist und dort inspiriert worden. „Der Hinüber'sche Garten gehört zu den frühesten Landschaftsgärten in Deutschland", sagt Schildmacher stolz. Hinüber legte den Garten auf dem Gelände östlich des Klosters an. „Er behielt aber weitgehend für sich, dass er einen Freimaurergarten geschaffen hatte", sagt Schildmacher. „So geriet der Garten in Vergessenheit, bis er in den 1990er-Jahren wiederentdeckt und für die Expo 2000 hergerichtet wurde."

Doch nun – endlich – zu den Steinen. „Von Hinüber hatte hier drei Steine gelagert und sie Druidensteine genannt", erzählt Dr. Siegfried Schildmacher. Der raue Stein sei ein wesentliches Symbol der Freimaurerei – es stehe für die menschliche Unvollkommenheit. „Er muss durch den Freimaurerlehrling mit dem Spitzhammer mit Sorgfalt und Maß rechtwinklig behauen werden. Erst wenn der Stein behauen ist, kann er in ein Gebäude eingefügt werden, wobei das Gebäude symbolisch für die menschliche Gesellschaft steht." Jobst Anton von Hinüber habe sich mit der Symbolsprache der Freimaurer bestens ausgekannt, „und deshalb hat er auch diese drei Steine als Mahnung an die menschliche Unvollkommenheit schaffen lassen". Warum er sie „Druiden-Altar" nannte, sei nicht klar, jedoch hätte der Druidenorden laut „Internationalem Freimaurerlexikon" ein ähnliches Ritual wie die Freimaurer. Und die Zahl drei ist für die Freimaurer ohnehin von hoher Symbolkraft. „Drei Säulen stehen etwa in einem freimaurerischen Tempel. Die drei großen Lichter der Freimaurerei sind das Winkelmaß, der Zirkel und das Heilige Buch der Gesetze", zählt der Meister vom Stuhl auf: „Die Entwicklung des Freimaurers erfolgt ebenfalls in drei Schritten: Erst ist man Lehrling, dann Geselle und schließlich Meister."

Und der vierte Stein? Die Geschichte, die sich um ihn spinnt, ist eigentlich ganz simpel: „Als wir den Garten 2011 als Freimaurergarten entdeckten, lagen hier keine drei, sondern vier Steine. Warum, wissen wir nicht. Vermutlich hat jemand einen Stein übrig gehabt und sich dann gedacht, dass dort, wo schon drei große Steine liegen, ein guter Platz wäre, weil er die Symbolik der drei Steine nicht erkannt hatte. „Jedenfalls ging das natürlich nicht", sagt Schildmacher. „Aus einer alten Schrift von Jobst Anton von Hinüber wussten wir ja auch, dass es ursprünglich wirklich nur drei Steine gewesen waren. Also wurde der Stein entfernt."

Der Hinüber'sche Garten birgt noch weitere freimaurerische Geheimnisse: So wird der Weg eines Suchenden vom Lehrling über den Gesellen zum Meistergrad dargestellt: Der Hexenturm, der bereits als Ruine geplant wurde, erinnert an den Tod. Vom Hexenturm zum Obelisken auf dem Glockenberg, einem Symbol für das Leben, bestand früher eine Sichtachse.

Die Freimaurerei hat in Hannover eine lange Tradition und findet großen Zuspruch. „Wir haben hier zwölf Logen, darunter auch zwei Frauenlogen mit über 600 Freimaurerinnen und Freimaurern." Die Loge, der Siegfried Schildmacher angehört, ist die älteste und größte in Hannover, sie wurde bereits 1746 gegründet. „Viele bedeutende Männer gehörten unserer Loge an", sagt Schildmacher. „Freiherr Philipp Carl von Knigge, der Vater des Benimm-Knigge, Staatskanzler Karl August von Hardenberg und der Hofarchitekt Georg Ludwig Friedrich Laves, der viele repräsentative Gebäude in Hannover geschaffen hat." Hannover und die Freimaurerei, sagt Schildmacher, das sei schon ein besonderes Kapitel. Schließlich sei die moderne Freimaurerei in England entstanden, als die hannoverschen Könige dort regierten.

Alle Freimaurer haben das gleiche Ziel: ständig an sich selbst zu arbeiten und sich damit ständig weiterzuentwickeln. Siegfried Schildmacher sagt dazu: „Freimaurer sein ist für mich eine Lebenskunst."

Eva-Maria Bast

So geht's zu den drei Steinen:

Sie befinden sich im Hinüber'schen Garten in Marienwerder. Die Adresse ist Am Hinüberschen Garten 1. Die Steine entdeckt man, wenn man auf der Westseite des Teichs in Richtung Norden geht, den ersten Weg links abbiegt und diesen bis zum Ende geht.

Auch die allseits bekannte Kröpcke-Uhr hat ein Geheimnis.

04

Kröpcke-Uhr

Wahrzeichen auf Wanderschaft

Liebespaare verabreden sich dort und solche, die es werden wollen, Geschäftsleute oder Besuchergruppen. Für gebürtige Hannoveraner ist sie der bekannteste Treffpunkt mitten in der Stadt. Und für Neubürger wird sie es in der Regel ganz schnell: die Kröpcke-Uhr. „Als ich nach Hannover gezogen bin, war ich anfangs schon irritiert, wenn es hieß: Wir treffen uns am Kröpcke – und gemeint war nicht etwa der Platz, sondern die Uhr", erzählt Doris Schröder-Köpf. Mit ihrem Mann, dem Bundeskanzler a.D. Gerhard Schröder, kam die Bayerin Ende der 1990er-Jahre in die niedersächsische Landeshauptstadt und fand hier eine neue Heimat. Dazu gehört halt auch, sich an der Kröpcke-Uhr mit Familie, Freunden und

Bekannten zu treffen, um von hier aus zu den unterschiedlichsten Unternehmungen zu starten.

Seit mehr als 130 Jahren steht der Zeitmesser *fast* ununterbrochen in Sichtweite des Hauptbahnhofs und hat dementsprechend so einige geschichtliche Umwälzungen hinter sich. Doch die wenigsten Hannoveraner sind sich dessen bewusst, dass die Uhr nicht immer dort zu finden war. Der Grund: moderne Stadtgestaltung.

Den Anfang machte das Café Robby im Herzen der Stadt, gegründet von Konditor Georg Robby. Der spätere Pächter, Wilhelm Kröpcke (1855-1919), gab dem Café und dem Platz den immer noch gültigen Namen. „Das Café ist auch heute nicht wegzudenken aus Hannover“, so die SPD-Landtagsabgeordnete Schröder-Köpf. Mittlerweile gehört es einer großen Gastronomiekette.

Ein paar Jahre nach der Eröffnung des Cafés wurde die Uhr gebaut, finanziert durch Spendengelder hannoverscher Bürger und entworfen von Architekt Conrad Oertel (1851-1907). Dieser hatte sich optisch vom Baustil des Café Robby inspirieren lassen und stellte die Uhr im Jahr 1885 nur wenige Meter entfernt davon auf. „Auch wenn die beiden heute nicht mehr so viel gemein miteinander haben, anfangs gehörten Café und Uhr schon wegen ihres Aussehens zusammen“, sagt Doris Schröder-Köpf. Beide waren aus Gusseisen, der Kopf der reich verzierten Uhr mit integrierter Wettersäule und Temperaturanzeige erhielt einen ähnlichen Aufsatz wie das Dach des Cafés – das an einen Pavillon erinnerte. Allmählich wuchsen die Stadt und ihr Zentrum. Schnell wurde die Uhr zu einem gängigen Treffpunkt, denn alle kannten sie.

Doris Schröder-Köpf hat in Hannover eine neue Heimat gefunden.

Dann kamen die Nationalsozialisten und mit ihnen der Zweite Weltkrieg. Für Hannovers Geschichte in vielerlei Hinsicht eine dunkle Zeit. Anfangs nutzten die Nazis die Uhr als Propagandasäule und beklebten sie mit ihren Plakaten. Später war die Stadt mit ihren verschiedenen kriegswichtigen Einrichtungen das Ziel zahlreicher Fliegereinsätze der Alliierten. Fast das gesamte Zentrum wurde bombardiert, kaum ein Stein blieb auf dem anderen, viele Menschen starben, zahlreiche Gebäude waren danach nur noch Ruinen. Auch das Café Kröpcke wurde getroffen, die Uhr hingegen lediglich beschädigt. Ein besonders verheerender Bombenangriff auf Hannover ereignete sich in der Nacht zum 9. Oktober 1943: Die Wetterstation in der Kröpcke-Uhr verzeichnete zwischen zwei und vier Uhr morgens einen Anstieg der Temperatur von zehn auf fast 35 Grad!

„Nach Kriegsende musste Hannovers Mitte neu aufgebaut werden", so die Journalistin und Autorin Schröder-Köpf, die sich viel mit den Facetten der Stadtgeschichte beschäftigt. „Da passte offenbar die alte gusseiserne, reich verzierte Uhr nicht mehr ins neue Stadtbild, auch wenn sie noch funktionsfähig war." 1954 kam eine neue, moderne Uhr mit drei Ziffernblättern. Lange blieb sie jedoch nicht: Für den U-Bahnbau musste auf dem Platz alles weichen, was ihn bis dahin geprägt hatte. So wurde das Café Kröpcke abgerissen, der Zeitmesser zog um. Das war allerdings keine glückliche Entscheidung. Die moderne Kröpcke-Uhr wurde kurz darauf von einem Kran so schwer beschädigt, dass sie nicht mehr zu retten war. Und wieder waren es hannoversche Bürger und Unternehmer, die Geld für eine neue Uhr sammelten. „1977 wurde der Platz neu gestaltet – und der damalige Oberbürgermeister von Hannover, Herbert Schmalstieg, weihte eine etwas vereinfachte historische Rekonstruktion ein. So hatte Hannover eines seiner Wahrzeichen wieder", erzählt Doris Schröder-Köpf. Heute nutzen Künstler die Oberfläche der Uhr immer wieder zu farbenfrohen Aktionen und gestalten in ihren Glasvitrinen wechselnde Ausstellungen. Tausende von Hannoveranern passieren sie täglich, ruhen für einen Augenblick an ihrem Sockel aus oder treffen sich dort mit netten Menschen. Der anziehende Charme der Kröpcke-Uhr ist also eindeutig ungebrochen.

Rosa Legatis

So geht's zur Kröpcke-Uhr:

Vom Hauptbahnhof sind es nur wenige Meter durch die Fußgängerzone bis zum Kröpcke, leicht nach links versetzt steht die Kröpcke-Uhr.

37

Torbogen

Späterer Hitler-Attentäter lebte in Hannover

Stauffenberg? In unserem Haus? Derlei Reaktionen erntete Simon Benne, als er die Spuren Claus Schenk Graf von Stauffenbergs (1907-1944) recherchierte und herausfand, dass dieser im Erdgeschoss des Lister Kirchwegs 21 (heute Nummer 37) lebte. „Dass von Stauffenberg sich ab 1934 zwei Jahre in Hannover aufhielt, ist den meisten unbekannt", sagt er. Faszinierend, dass der spätere Hitler-Attentäter zwei Jahre lang durch diesen der Eingangstür vorgelagerten Torbogen schritt, auf dem Weg nach Hause zu seiner Frau Nina (1913-2006) und dem gerade geborenen Sohn Berthold, dem ersten von fünf Kindern. Das letzte kam übrigens im NS-Frauenentbindungsheim in Frankfurt/Oder zur Welt. Stauffenberg war inzwischen ermordet, seine Gattin im Konzentrationslager Ravensbrück inhaftiert. Nur aufgrund der Geburt durfte sie es für den Besuch des Entbindungsheims verlassen.

Doch zurück nach Hannover: „Claus Schenk Graf von Stauffenberg kannte die Stadt schon, als er mit seiner Familie nach Hannover zog, denn als Offiziersanwärter war er 1928 an der Kavallerieschule ausgebildet worden", hat Simon Benne recherchiert. Als bester Kavallerist des Jahrgangs habe er sogar einen Ehrensäbel für hervorragende Leistungen verliehen bekommen. „Sein Ausbilder, Major von Loeper, erinnerte sich später an ihn: Temperamentvoll und künstlerisch interessiert sei er gewesen. Jemand, der bei Streitigkeiten schlichtete und gern und viel redete", berichtet Benne. Stauffenbergs täglicher Gang führte ihn in die Kavallerieschule an der Vahrenwalder Straße. Diese sei der Stolz der Stadt gewesen: „Dank ihr galt Hannover als Hauptstadt der Reiterei."

Auch auf dem Dienstplan von „Stauff", wie Kameraden ihn riefen, habe vor allem Reiten gestanden. „Täglich hatte er vier Pferde zu bewegen", schildert der HAZ-Redakteur dessen Aufgaben. Unter den Pferden habe sich auch seine Stute „Jagd" befunden, die er mit nach Hannover gebracht hatte und der er bescheinigte, „eine reizende Persönlichkeit" zu haben. Auf andere Soldaten habe Stauffenberg in Hannover großen

HAZ-Redakteur Simon Benne hat herausgefunden: Durch diesen Torbogen schritt Claus Schenk von Stauffenberg in den 1930er-Jahren täglich.

Eindruck gemacht: „Es war unmöglich, ihn – selbst im größeren Kreise – zu übersehen. Auch ohne es zu wollen, war er bald der Mittelpunkt jedes Kreises“, zitiert Benne Stauffenbergs Kameraden Bernd von Pezold.

Militär und Familie füllten den Tag des Schenk von Stauffenberg offenbar nicht aus. Benne erzählt: „Er verfasste militärische Aufsätze und besuchte die Technische Hochschule. Im Fach Geopolitik beschäftigte er sich mit dem Geographen Karl Haushofer, aus dessen Thesen die Nazis ableiteten, das deutsche Volk müsse Lebensraum im Osten erobern.“ Diese These schien Stauffenberg einzuleuchten, schrieb er doch 1939, als er im Polenfeldzug eingesetzt war, an seine Frau: „Die Bevölkerung ist ein unglaublicher Pöbel, sehr viele Juden und sehr viel Mischvolk. (...) Die Tausenden von Gefangenen werden unserer Landwirtschaft recht gut tun. In Deutschland sind sie sicher gut zu gebrauchen, arbeitsam, willig und genügsam.“ Zwei Jahre bevor Stauffenberg nach Hannover zog, hatte der spätere Attentäter noch für Hitler gestimmt. Dessen Ernennung zum Reichskanzler 1933 hatte er begrüßt.

Stauffenberg macht Karriere im Heer. Im April 1943 zieht er sich im Feld bei einem Fliegerangriff eine schwere Verletzung zu. Die Zweifel an Hitler sind inzwischen stark. Als er im Herbst 1943 nach Berlin versetzt wird, überwiegt die Ablehnung: Er sucht Kontakt zu Gegnern Hitlers, tritt mit seinem Bruder dem Kreisauer Kreis bei, arbeitet an Entwürfen, wie eine Regierung nach einem Umsturz aussehen könnte, plant den Staatsstreich mit dem Namen „Operation Walküre“. Am 20. Juli 1944 verübt er sein Attentat auf Hitler, das scheitert: Stauffenberg wird am 21. Juli 1944 standrechtlich erschossen.

Seine Kinder sind nun Halbwaisen. Sie werden der Mutter weggenommen und in ein Heim gesteckt. Nina von Stauffenberg wird 93 Jahre alt. „Und Sohn Berthold kam 1972 an den Ort seiner Kindheit zurück“, sagt Benne. Gefunden hat er das Haus aber nur dank seiner Mutter: „Er musste sie anrufen und es sich genau beschreiben lassen.“

Eva-Maria Bast

So geht's zum Torbogen:

Der Eingang befindet sich im Lister Kirchweg 37.

Marion Wrede stellt eine Kerze in die Geleuchtnische.

Geleuchtnischen

06

Licht des Glaubens im doppelten Sinne

„Es muss eine ungeheure Finsternis gewesen sein", sagt Marion Wrede. „Wir können uns das heute gar nicht vorstellen, denn dass es hier in der Marktkirche ganz dunkel ist, das erleben wir eigentlich nie. Von irgendwoher kommt immer Licht." Früher war das anders, in dieser Kirche jedenfalls: Bevor die Gas- und schließlich die elektrische Beleuchtung Einzug hielten, habe in der Marktkirche abends und nachts Finsternis geherrscht, erzählt die Kirchenpädagogin. Und es gibt auch noch etwas, das an diese Zeit erinnert: In den Säulen der Marktkirche befinden sich kleine Geleuchtnischen. „Wahrscheinlich wurden dort Kerzen oder auch Öllampen hineingestellt, die die Kirche im Mittelalter erleuchteten."

Dann kam der technische Fortschritt nach Hannover – er begann mit dem Bau eines Gaswerks 1825, dem zehn Jahre später die Einrichtung einer Mietdroschkenanstalt und noch mal gut zehn Jahre danach die Anbindung ans Eisenbahnnetz folgte. Die Londoner Firma

„Imperial Continental Gas Association“ hatte mit der Stadt einen Vertrag über 20 Jahre geschlossen, der die Umstellung der Straßenbeleuchtung auf Gaslaternen vorsah. „Ein Jahr später erbaute sie in der Glocksee ihr Gaswerk – eines der ersten auf dem Kontinent. Seit September 1826 konnten sich die Hannoveraner am Glanz der 350 aufgestellten Gasleuchten erfreuen“, schreiben Klaus Mlynek und Waldemar R. Röhrbein in ihrem zweibändigen Standardwerk über die Geschichte der Stadt. Dann hätten sich immer mehr private Abnehmer für Gas entschieden. „Auch in der Kirche hielt die Gasbeleuchtung Einzug“, sagt Marion Wrede. Daran erinnert bis heute etwas: An den Säulen sind lange, schmale Schlitze zu erkennen. „In diesen Schlitzen verliefen die Gasleitungen“, verrät die Kirchenpädagogin. Zu sehen waren sie lange Zeit nicht – denn das Gotteshaus war innen verputzt.

Im Zweiten Weltkrieg wurde die Marktkirche am 26. Juni 1943 schwer getroffen. Die Amerikaner griffen an, 273 Menschen starben im Bombenhagel. Der letzte große Luftangriff war eine Weile her gewesen (10. Februar 1941) und manch ein Hannoveraner hatte schon gehofft, die Alliierten verschonten die Stadt wegen der engen Verbindung zum britischen Königshaus. Schließlich bestanden ja verwandtschaftliche Beziehungen nach England, Hannover und Großbritannien waren immerhin von 1714 bis 1837 in Personalunion regiert worden (siehe Geheimnisbuch 1). Doch die Hoffnung zerschlug sich im Juni 1943. Bei diesem Angriff wurde die Marktkirche zerstört, und im September kam die Stadt dann vor lauter Angriffen kaum zum Atmenholen. „Beim Wiederaufbau legte Architekt Dieter Oesterlen großen Wert darauf, den rauen Charakter der Backsteingotik sichtbar zu machen“, berichtet Marion Wrede. Man habe den Putz abgeschlagen, sodass auch die Schlitze erkennbar wurden. „Es war die Idee des Architekten, die Steine für sich sprechen zu lassen.“

Eva-Maria Bast

So geht's zu den Geleuchtnischen:

Sie befinden sich an den Säulen der Marktkirche am Hanns-Lilje-Platz.

Alle fünf Jahre fehlen dieser Uhr ihre Zeiger.

07

Rathaus-Uhr

Das Geheimnis der fehlenden Zeiger

Schalk blitzt aus seinen Augen, als Klaus Eichstaedt sich vorbeugt und erklärt: „Das weiß wirklich keiner!" Also fast keiner. Außer ihm und einer Handvoll Spezialisten. Aber manch einer wundert sich darüber. Zumindest alle fünf Jahre. Immer dann nämlich, wenn die südliche Rathausuhr keine Zeiger mehr hat. Klaus Eichstaedt, der bis zu seinem Ruhestand rund ein viertel Jahrhundert lang Hausmeister im hannoverschen Rathaus war, und selbiges wie seine Westentasche kennt und von ganzem Herzen liebt, muss etwas ausholen, um dieses Kuriosum zu erklären. „Die Zeiger sehen ja riesengroß aus, aber in Wirklichkeit bestehen sie aus lauter 50 Zentimeter langen Einzelteilen. Und die sind aus Glas. Und mundgeblasen", sagt er. Jedes dieser Glasröhrchen sei mit Gas gefüllt. „Das Gas sorgt dafür, dass die Zeiger leuchten". Doch alle fünf Jahre sei das Gas verpufft und müsse neu aufgefüllt werden. „Aber da das so ein schleichender Prozess ist, der viele Jahre dauert, merkt man das nicht." Und bevor die Zeiger irgendwann nicht mehr leuchten, werden sie eben erneut aufgefüllt. „Dann kommt eine Spezialfirma und montiert sie ab", berichtet er. „Die Glasröhren müssen wie rohe Eier behandelt werden, weil sie nicht oder nur sehr schwer nachgemacht werden können." Bisher hat das aber immer geklappt, die abmontierten Glasröhr-

Klaus Eichstaedt kennt die Geheimnisse der Rathaus-Uhren.

chen werden in einer Glasbläserei von ihren Kappen befreit, neu befüllt und wieder verschweißt. Und dann treten sie, gut verpackt, den Rückweg ins hannoversche Rathaus an.

Auch die Norduhr hat ein Geheimnis – man kann es aber nicht sehen: Sie wird von einem sehr teuren Uhrwerk angetrieben, welches das Rathaus geschenkt bekam. Klaus Eichstaedt muss es unbedingt zeigen! Wir fahren mit dem Aufzug (nicht dem Schrägaufzug, sondern dem normalen, mit dem die Mitarbeiter in ihre Büros gelangen) so weit wie möglich hinauf, dann nehmen wir eine Treppe, gehen durch mehrere Gänge und Türen, wieder eine Treppe, wieder eine Tür – inzwischen sind wir auf dem Dachboden – und dann noch eine Leiter. „Und dann stehen wir vor dem in der Tat ausgesprochen beeindruckenden Prachtwerk. „Diese Uhr wurde gespendet", sagt Klaus Eichstaedt feierlich. Für den Bau des 1913 vollendeten Rathauses etwas zu spenden, tat dem Image gut, das taten viele Firmen. „Im Grunde war das so etwas wie Marketing", bringt es Klaus Eichstaedt auf den Punkt.

Die Norduhr ist also wesentlich älter als die Süduhr, die erst in den 50er-Jahren angebracht wurde. Warum so spät? „Dieser Teil des Rathauses wurde im Zweiten Weltkrieg zerstört", erklärt Klaus Eichstaedt. Und da entschied man sich nach dem Wiederaufbau für diese Besonderheit, die den Vorteil hat, dass Hannoveraner, wenn sie an ihr Rathaus blicken, auch in der Nacht immer wussten und wissen, wie spät es ist. Außer eben an zwei Wochen in fünf Jahren.

Eva-Maria Bast

So geht's zur Rathaus-Uhr:

Die Süduhr hängt auf der Rückseite des Rathauses. Das Ziffernblatt der wertvollen Norduhr zeigt zum Trammplatz.

Diese Tür hat es in sich – viele Prominente schritten hindurch, doch einer weigerte sich. Dietmar Althof weiß, warum.

08

Tür

Der König kam nicht rein. Der Dalai Lama schon.

König Georg II. ist nicht hindurchgegangen durch diese Tür! „Er hatte sich angekündigt, um das Haus zu betrachten, als es fertig war. Als er es sah, sagte er sinngemäß: Na, mein lieber Hardenberg. Sie wohnen ja besser als ich. Dann hat er sich umgedreht und ist wieder weggegangen. Er war wohl ein bisschen sauer." Dietmar Althof, Seniorpartner der Schlossküche von Sascha Grauwinkel, erzählt mit einem Schmunzeln, was sich Mitte des 18. Jahrhunderts abgespielt haben soll.

„Friedrich Karl von Hardenberg war von 1741 bis zu seinem Tod Oberhofbau-und Gartendirektor", erklärt er. „Er hat vieles hier geschaffen." Das Hardenbergsche Haus wurde für Friedrich Karl von Hardenberg (1696-1763) als „Offizialwohnung" errichtet – nach den Plänen des Architekten Johann Paul Heumann (1703-1759). 23 Jahre wirkten die Männer eng zusammen, um den Bauwerken ihrer Herrschaft eine solide

Substanz zu geben. Bernd Adam beschreibt es in einem Aufsatz so: „Sie arbeiteten über Jahre daran, die noch ganz in barocker Tradition auf den Effekt und den Moment hin in Fachwerk und Holz errichteten Gebäude, (...) die einen steten Unterhaltungsaufwand forderten, (...) durch massive Konstruktionen zu ersetzen." Hardenberg entfaltete eine rege Bautätigkeit. „Weil er so erfolgreich war, hatte er gehofft, in das Geheime Ratskollegium aufgenommen und somit Minister zu werden", erzählt Althof. Aber die Geheimen Räte hätten das abgelehnt, die steile Karriere machte sie wohl eifersüchtig. „Hardenberg legte sein Amt nieder, doch der König wollte ihn nicht verlieren und ernannte ihn außerhalb der Zuständigkeit der Räte zum Oberhofbau- und Gartendirektor."

Vom Hardenbergschen Haus aus eröffnet sich ein herrlicher Blick.

Und nun kam auch das alte Gärtnerwohnhaus ins Spiel: Er hatte es zuvor schon als Büro genutzt. „Es war jedoch sanierungsbedürftig, und Hardenberg schlug dem König vor, ein Gartenhaus mit Fruchtkammer und Gewächskeller zu errichten", so Althof. Neben der Dienstwohnung sollten darin im Winter auch empfindliche Pflanzen untergebracht werden. „Georg II. war erst nicht einverstanden, gab dann aber nach, das Haus wurde gebaut." Betreten habe er es jedoch nicht, zumindest nicht bei seinem ersten Besuch. Ob er wiederkam, sei nicht überliefert.

In den Folgejahren hatte das Haus eine wechselvolle Geschichte: Während der Franzosenzeit ab 1803 wählten es die Generäle zu ihrem Wohnhaus, nach dem Ende des Königreichs Hannover 1866 war das Welfenmuseum hier beheimatet, während des Nationalsozialismus befand sich das Standesamt darin, dann wohnte Bildhauer Kurt Lehmann (1905-2000) hier und schließlich Politiker Eduard Pestel (1914-1988). Damals begann, was auch jetzt, wo das Hardenbergsche Haus als Gästehaus genutzt wird, Alltag ist: Prominenz ging ein und aus. Bei Lehmann zum Beispiel der Schriftsteller Martin Buber (1878-1965). Heute empfängt hier auch Bundeskanzlerin Angela Merkel hochgestellte Persönlichkeiten, etwa den (einstigen) spanischen Ministerpräsidenten Zapatero. Und der damalige Bundespräsident Horst

Köhler machte im Hardenbergschen Haus seinen Antrittsbesuch in Niedersachsen.

Der Schlossküche obliegt seit der Expo 2000 das Catering für das Hardenbergsche Haus. Dietmar Althof zeigt das Zimmer, das Angela Merkel zur Verfügung steht – im ersten Stock, gleich neben der Treppe. Ein Bett steht darin – in dem sie allerdings nicht nächtigt – und es gibt ein Badezimmer. „Als sie die Dusche gesehen hat, hat sie gesagt: Wenn ich das gewusst hätte, hätte ich heute Morgen hier geduscht. Die Dusche wäre besser als die zuhause", erzählt Althof schmunzelnd.

Der Besuch, der ihn persönlich am meisten berührt hat, war aber der des Dalai Lama im Jahr 2013. „Ich durfte ihn vier Stunden betreuen. Eine Begegnung mit einem solchen Menschen ist schon etwas Besonderes, ich werde diese Stunden nie vergessen." Dietmar Althof beschreibt den Dalai Lama so: „Er zeichnet sich durch seine unwahrscheinliche Bescheidenheit aus, seine Menschlichkeit, aber auch seine Präsenz und seine Schnelligkeit, sich auf Situationen einzustellen. Der Dalai Lama hat nie die Contenance verloren. Aber er war hellwach. Er war fröhlich. Er war heiter. Er war ständig präsent. Das war wirklich sehr beeindruckend." Und was den Spitzenkoch natürlich besonders freute: „Er hat sein Mittagessen mit hohem Genuss gegessen."

Ist ein Gastronom eigentlich aufgeregt, wenn er für den Dalai Lama kocht? „Vor einer wichtigen Veranstaltung ist man immer aufgeregt", gesteht er. „Beim Dalai Lama vielleicht noch ein bisschen mehr." Althof zeigte ihm auch seinen Lieblingsblick aus dem Fenster des ersten Obergeschosses. Von hier aus eröffnet sich eine großartige Sichtachse in die Herrenhäuser Gärten: „Immer wenn ich hier bin, genieße ich diese unglaubliche Weite, die mich inspiriert und auch fröhlich stimmt. Dieses grüne Band, das sich in die Ferne zieht – ich würde sagen, das ist ein Zeichen des Geistes, der von hier ausströmt."

Eva-Maria Bast

So geht's zur Tür:

Sie befindet sich am Hardenbergschen Haus, Alte Herrenhäuser Str. 10.

OSSA
LEIBNITII.

Leibniz-Grabstein

Rätsel um die Gelehrten-Gebeine

Gottfried Wilhelm Leibniz (1646–1716) – Jurist, Philosoph, Mathematiker, Historiker, Erfinder und Techniker. Obendrein auch Diplomat, politischer Berater und „Lehrer" der Kurfürstin und späteren preußischen Königin Sophie Charlotte (1668-1705), die ja dem hannoverschen Hof entstammte. Zudem war Leibniz der erste Präsident der von ihm mit ihrer Protektion gegründeten Akademie der Wissenschaften in Berlin. In Hannover lebte und wirkte der weltberühmte Universalgelehrte 40 Jahre lang und hier ist er auch beerdigt. Wo, das weiß man jedoch nur ungefähr.

Wie das? Wo es doch in der Neustädter Hof- und Stadtkirche sogar eine Grabplatte gibt, auf der *Ossa Leibnitii* steht, was bedeutet: Leibniz' Gebeine! „Allerdings ist ungewiss, ob sich unter dem Grab tatsächlich die Gebeine von Leibniz befinden", meint Dr. Georg Ruppelt, langjähriger Direktor der Leibniz-Bibliothek. Er muss weiter ausholen, um die Geschichte gemeinsam mit Professor Wenchao Li zu erzählen, dem Inhaber der Leibniz-Stiftungsprofessur an der Leibniz Universität Hannover. „Die Geschichte ist in der Tat interessant und sehr abwechslungsreich", schmunzelt der Leibniz-Professor.

Lange Zeit war es vielerorts üblich, bedeutende Bürger einer Stadt oder Angehörige des Hofes innerhalb eines Gotteshauses zu bestatten – so auch in Hannover. Unter den rund 200 Bodenplatten der Neustädter Hof- und Stadtkirche haben zahlreiche hannoversche Größen ihre letzte Ruhestätte gefunden. Das gilt auch für Leibniz, dessen Grab man damals aber nicht kennzeichnete. Wohl auch, weil man sich der Bedeutung des Gelehrten zum Zeitpunkt seines Todes noch nicht so bewusst gewesen war, bemerkt Wenchao Li. „Doch dann kam eine Zeit, in der Grabmale bedeutender Persönlichkeiten gewissermaßen zu Denkmalen wurden", fährt Ruppelt mit seiner Erzählung fort. „Man wusste, dass sich das Grab des Gelehrten in Hannover befindet. Doch als bekannt wurde, dass man den Standort nicht genau bestimmen konnte, sah sich die Stadt einigem Spott ausgesetzt." Knapp 60 Jahre nach Leibniz' Tod ver-

Befinden sich wirklich die Gebeine des Gelehrten Leibniz hier? Prof. Dr. Wenchao Li (li.) und Dr. Georg Ruppelt am Leibniz-Grab.

suchte ein Göttinger Student, das Grab zu finden, musste aber aufgeben. HAZ-Redakteur Simon Benne schreibt: „Das wollten sich die Hannoveraner nicht nachsagen lassen, als Hüter der Reliquien eines Genies geschlampt zu haben.“ Er schlussfolgert: „Die Angst vor der Schmach muss ihre Bereitschaft beflügelt haben, ein Grab zweifelsfrei als Leibniz-Grab zu identifizieren. Und so versahen sie 1790 eine Steinplatte mit der Aufschrift *Ossa Leibnitii*. Diese lag direkt vorm Altarraum, unverstellt von Kirchenbänken, an prominenter Stelle.“

Im Juli 1902 wurde das Grab geöffnet. „Der Zweifel nagte eben doch, und diesen hoffte man auszuräumen zu können“, meint Dr. Ruppelt. Tatsächlich befanden sich in dem Grab Gebeine. „Aber es waren nicht eindeutig die von Leibniz“, merkt Professor Li an. Das habe sich an unterschiedlichen Umständen festmachen lassen. Der „wohlerhaltene Schädel und die Mehrzahl der Gebeine des Rumpfes“, wie es im vom damaligen Gemeindepastor Mohr verfassten Originalprotokoll heißt, passten nicht zu Leibniz. „Die Gebeine gehörten offenbar zu einem größeren Mann“, so Professor Li, „Leibniz war aber eher von mittlerer Statur.“

Abgesehen davon sei der Gelehrte, wie man den Aufzeichnungen seines Sekretärs entnehmen könne, in einem Tannenholzsarg bestattet worden. Im untersuchten Grab hätten sich aber Eichenholzreste gefunden. Und: Der Sekretär berichtete von Zinnschmuck am Leibniz-Sarg. Davon habe man im Grab nichts finden können, stattdessen jedoch „ornamentierte Puttenköpfchen“. Auch hierfür gab es Erklärungsversuche: „Hans Graeven, der damals im Kestner-Museum gearbeitet hat, erklärte, das Grab sei aufgebrochen worden“, erzählt Dr. Ruppelt. Dabei sei vermutlich der Zinnschmuck abhandengekommen. Dem Protokoll der Graböffnung zufolge sei sich der Architekt Hermann Schaedtler aber sicher gewesen, dass das Grab seit der Beisetzung verschlossen geblieben war. „Und es stimmt ja auch vieles andere nicht“, bemerkt Professor Li und fasst zusammen: „Das Holz des Sarges, die Größe der Gebeine, größere Metallteile fehlen.“ Und warum jemand ein Grab öffnen, den Zinnschmuck entfernen und stattdessen ornamentierte Puttenköpfe hätte beigeben sollen, will sich auch nicht erschließen. „Denn wenn sich im Leibniz-Grab Puttenköpfe befunden hätten, hätte dies der gewissenhafte Sekretär bemerkt“, ist sich Georg Ruppelt sicher.

Aber es gab auch Anzeichen, die dafür sprachen, dass es sich bei den Gebeinen um die des Philosophen handelte. Man entdeckte Spuren von Arthritis, und an selbiger litt Leibniz. Der Anatomieprofessor Wilhelm Krause, der es bei der Graböffnung feststellte, wunderte sich zwar, dass der Schädel „klein im Verhältniß zur Körpergröße" sei, aber „hervortretende Backenknochen und Kinn" entsprächen „den gewöhnlichen Befunden bei Slaven, speciell Polen und Slovenen". Nach Leibniz' eigenen Angaben deute sein Name auf slawische Wurzeln hin, erklärt Professor Li. „Krause nahm an, die Gebeine seien echt."

Sie wurden in einen Kupferkasten gebettet und erneut bestattet. „Die Ruhe der wissenschaftlich geprüften Reliquien sollte noch mehrmals gestört werden: Zwischen Ende 1943 und Anfang 1944 muss eine Öffnung durch die Nationalsozialisten stattgefunden haben. Beim Wiederaufbau der Kirche nach dem Krieg wurden sie 1957 in eine Seitennische umgebettet. Bauarbeiter hinterließen im Grab eine Bierflasche, ‚Gilde hell'", schreibt Simon Benne. Dr. Ruppelt erzählt, was 35 Jahre später geschah: „1992 war Wasser ins Grab eingedrungen, deshalb musste es geöffnet werden." Die Gebeine wurden getrocknet und dann, nach einer kurzen Zwischenstation in der Leichenhalle des Laher Friedhofs, wieder in die Kirche gebracht und im Turmbereich bestattet. „Doch dies wurde kritisiert", so Ruppelt. „Man bemängelte, dass Leibniz es doch verdient hätte, innerhalb des Gotteshauses bestattet zu sein – den Turm zählte man nicht dazu." Also mussten die sterblichen Überreste noch einmal umziehen und befinden sich heute rechts neben dem Altar.

Auch wenn es nach der Vermutung der Herren Li und Ruppelt wohl nicht die echten sind – in einem kann sich der Besucher der Grabstätte sicher sein: Irgendwo unter den Bodenplatten befinden sich die Gebeine des „letzten Universalgelehrten", wie Leibniz gern genannt wird.

Eva-Maria Bast

So geht's zum Leibniz-Grabstein:

Er befindet sich in der Neustädter Hof- und Stadtkirche rechts neben dem Altar. Diese steht in der Roten Reihe 8.

Von vielen nicht beachtet: das Wappen über dem Eingang zum Museum Wilhelm Busch.

10

Wappen

Fortschrittlich in vielerlei Hinsicht

Herbert Schmalstieg und Hannover – das ist untrennbar. Über 34 Jahre lang war er hier Oberbürgermeister, und die tiefe Verbundenheit mit der niedersächsischen Landeshauptstadt, die legte er mit dem Amt keineswegs ab. Herbert Schmalstieg brennt für seine Stadt. Das merkt man besonders, wenn man mit ihm im Auto unterwegs ist. An fast jeder Ecke ruft er: „Sehen Sie mal da, dazu könnte ich Ihnen auch noch eine interessante Geschichte erzählen!" Viele Geheimnisse hat er ja auch schon gelüftet – für die Hannoverschen Geheimnisse Band 1. Gibt es denn überhaupt noch ungelüftete? „Jede Menge", sagt Herbert Schmalstieg und lächelt. Eins aber liegt ihm, wie er sagt, ganz besonders am Herzen: „Unzählige Menschen strömen Tag für Tag ins Museum Wilhelm Busch. Aber kaum jemand blickt hinauf zu dem Wappen, das über dem Eingang hängt." Dabei lasse sich anhand dieses Wappens eine ausgesprochen spannende Geschichte erzählen. Die Geschichte des Gebäudes nämlich, in dem das Museum Wilhelm Busch, das Deutsche Museum für Karikatur und Zeichenkunst, untergebracht ist.

Und die wiederum kennt Gisela Vetter-Liebenow, Leiterin des Museums, ganz genau. Ebenso wie die Geschichte seines Erbauers. Das war kein geringerer als Johann Ludwig von Wallmoden-Gimborn (1736-1811), illegitimer Sohn des englischen Königs Georg II. (1683-1760). „Er wuchs als *Monsieur Louis* am Hof in London auf, wo seine Mutter Amalie von Wallmoden seit dem Tod von Königin Caroline als offizielle Mätresse des Königs lebte", erzählt sie. Dort genoss er eine umfassende Erziehung und ging danach auf die *Grand Tour*, eine Bildungsreise, wie sie für junge Adelige im 18. Jahrhundert zur Ausbildung gehörte. Diese Reise und insbesondere seine Begegnung mit dem Altertumsforscher Johann Joachim Winckelmann in Rom bestärkten ihn, sowohl eine eigene Antikensammlung als auch eine Gemäldesammlung und eine Bibliothek anzulegen.

Für seine Sammlung habe Wallmoden das Palais erbauen lassen. „Bemerkenswert ist zweierlei", findet die Kunsthistorikerin. „Zum einen war es die früheste private Antikensammlung auf deutschem Boden. Zum anderen machte er sie der Öffentlichkeit zugänglich."

Dass heute ein Museum für Karikatur hier beheimatet ist, fügt sich für Gisela Vetter-Liebenow in die Geschichte des Hauses: „Zu Zeiten Georgs II. entwickelte sich in England die moderne Karikatur, begünstigt durch eine verfassungsmäßig gewährte, weitgehende Pressefreiheit." Fortan waren weder König noch Minister oder andere hochgestellte Personen vor den Karikaturisten sicher. Auch Amalie von Wallmoden bekam das zu spüren: Die englischen Karikaturisten verspotteten sie als „Diamond Queen" und warfen ihr vor, sich freizügig aus der königlichen Schatulle zu bedienen. Deshalb passt es auch, dass das heutige Museum Wilhelm Busch, das 1937 gegründet wurde und seit 1950 hier untergebracht ist, eine sehr große Sammlung alter englischer Karikaturen beherbergt.

„Zu Zeiten Georgs II. entwickelte sich in England die moderne Karikatur."

Kennen die Geschichte des Wallmoden-Schlösschens: Herbert Schmalstieg und Dr. Gisela Vetter-Liebenow.

Schmalstieg hat einen weiteren Gedanken – den oft so spannenden: *Was wäre wenn?* In diesem Fall: Was wäre gewesen, wenn die Hannoveraner 1837 emanzipiert genug gewesen wären, eine Frau auf den Thron zu lassen? Die Personalunion endete nach 123 Jahren, weil nach hannoverschem Recht keine Frau Königin werden konnte. „Deshalb wurde Viktoria zwar Königin von England." Aber deswegen gab es dann hier wieder einen eigenen, männlichen Herrscher, „sonst wären wir heute vielleicht britische Provinz", sagt Schmalstieg. Die Geschichte spielte anders, die Personalunion ging 1837 zu Ende.

Johann von Wallmoden hat das nicht mehr erlebt. 1811 ist er gestorben, nachdem er gegen Ende seines Lebens noch eine bittere Niederlage hinnehmen musste. 1803 unterlag er als Feldmarschall an der Spitze des hannoverschen Heeres den napoleonischen Truppen und unterzeichnete mit der Konvention von Sulingen die von vielen Zeitgenossen als schmachvoll betrachtete Kapitulation. Nach seinem Tod kam das Haus in den Besitz der englischen Krone, die hier ihr Wappen anbringen ließ, die Kunstsammlungen wurden von seiner Familie verkauft und in alle Welt zerstreut.

Dass sich heute ein Karikatur-Museum in dem Haus befindet, wäre sicherlich auch für ihn eine schöne Sache. Und dass das englische Wappen über der Tür hängt, knüpft wieder an Schmalstiegs Idee an: *Was wäre gewesen, wenn…?* Dann wäre das englische Wappen sicherlich noch viel öfter in Hannover zu finden.

Eva-Maria Bast

So geht's zum Wappen:

Das Museum Wilhelm Busch – Deutsches Museum für Karikatur und Zeichenkunst liegt im Georgengarten, der zu den Herrenhäuser Gärten gehört. Das Wappen befindet sich über dem Eingang.

Heute kommen hier nur noch Fledermäuse raus, 1903 ist auch Hermann Löns rausgekommen. Davon erzählt Dieter Lohmann am Mundloch des Egestorfer Stollens.

11

Stollen-Mundloch

Tief unter dem Deister

Man kommt nicht mehr durch. „Ich bin mal vom Egestorfer Stollen aus losgegangen, mit Kollegen, über verschiedene Ebenen", sagt Dieter Lohmann. „1983 war das. Nach 150 oder 200 Metern war Schluss." Dieter Lohmann zuckt mit den Schultern. Ist halt so. Er hat mehr geschafft, als man je gedacht hätte, dass es zu schaffen gewesen wäre. Auf so eine Kleinigkeit kommt es dann nicht mehr an.

Die Kleinigkeit ist die Verbindung zweier ehemaliger Bergwerke unter dem Deister: des Klosterstollens in Barsinghausen und des Egestorfer Stollens. Letzterer beginnt mitten im Wald. „Mundloch" haben die Bergleute solche Eingänge genannt. Ein gemauertes Halbrund ist noch vorhanden, mit einem massiven Gitter davor. Der Gang hinter dem Gitter verliert sich im Dunkel. Kein Hinweis, kein Schild. Dieter Lohmann legt die linke Hand auf das Metall. „Waagerechte

Durchlässe für die Fledermäuse", konstatiert er fachmännisch. Dann kommt er wieder auf seinen Versuch von 1983 zurück und sagt: „Jedenfalls ist Hermann Löns mal durch die Stollen durchmarschiert. Durch Klosterstollen und Egestorfer Stollen."

Hermann Löns (1866-1914): Schriftsteller, Frauenheld, Säufer, Herumtreiber, Journalist, Dandy, Soldat. Er hat vier große Lieben erlebt und zwei Ehen in den Sand gesetzt, hat die Alimente für seinen behinderten Sohn nicht gezahlt, ist im Studium und an diversen Arbeitsstellen wegen exzessiven Trinkens gescheitert. Er hat wunderbare Naturerzählungen aus der Heide und stimmungsvolle Gedichte verfasst und Reportagen geschrieben, die teilweise so packend waren, dass man heute noch beim Lesen Gänsehaut bekommt. 1914, zu Beginn des Ersten Weltkriegs, meldete sich Löns freiwillig zur Front. In seinem Tagebuch notierte er, dass die Granaten die Tauben aus dem Wald verjagen. Nach knapp einem Monat Kriegsdienst erwischte ihn in Frankreich in der Nähe von Reims eine Kugel.

In der Hannoverschen Allgemeinen Zeitung und in ihrem Vorgänger, dem Hannoverschen Anzeiger, dessen Chefredakteur Löns zeitweise war, sind Berichte des Autors über den Bergbau im Deister gedruckt worden. „Von Barsinghausen nach Egestorf" heißt der erste, und es ist keine beschwingte oberirdische Wanderung gemeint. Beim zweiten Text sagt der Titel schon alles: „Tief unterm Deister". Dieter Lohmann hat die Reportagen rausgesucht.

Dieter Lohmann: Als er 1955 die Schule verließ, blieben dem Steinkohlebergbau im Deister gerade noch zwei Jahre. Lohmann fing im Kalibergbau in Ronnenberg an, als Jungbergmann, wurde Hauer mit Sprengberechtigung, besuchte die Berg- und Hüttenschule in Clausthal mit Abschluss als Grubensteiger (Ing. grad.), arbeitete sich hoch zum Reviersteiger und Fahrsteiger (das sind bereits Vorgesetztenpositionen). Er bildete sich weiter, machte seinen Diplomingenieur. Ging zum Bergamt Meppen, wurde dann Betriebsleiter und schließlich Geschäftsführer einer Firma mit vier Steinbrüchen.

Das, was Dieter Lohmann geschafft hat: Er hat dafür gesorgt, dass nach dem Ende des Steinkohlebergbaus im Deister nicht einfach alles zugeschüttet und abgesperrt und vergessen wurde. Heute führt er als Chef die „Alte Zeche Gemeinnützige Betriebs GmbH". Die kümmert sich um das Besucherbergwerk im Klosterstollen in Barsinghausen. 1999 sind die ersten Gäste eingefahren, 2015 war der Hunderttausendste Besucher da. Bis dahin aber waren unendliche Mengen an Arbeit, Schweiß und Geduld nötig. Man musste das Besucherbergwerk ja überhaupt erst fähig machen, Besucher aufzunehmen. „Vier Jahre Wasserablassen", sagt Dieter Lohmann knapp. „Neun Jahre Schaufeln von eisenhaltigem Schlamm." Ganz viele haben nicht geglaubt, dass das was wird. Dieter Lohmann hat es geglaubt.

Der Bergbau im Deister: 1639 ging es los, da ist das erste Bergwerk nachweisbar. 1856 begann die Arbeit am und im Klosterstollen. Der Egestorfer Stollen ist jünger, hier startete der Kohleabbau 1874, der Stollen wurde „die neue Anlage" genannt. Insgesamt waren rund 40 Stollen in Betrieb, um die teilweise bis zu 140 Millionen Jahre alte Kohle aus der Erde zu holen. Ende der 50er-Jahre war Schluss. Es lohnte sich nicht mehr.

Die Kohle aus der Erde holen: Das war nichts für Weicheier. Hermann Löns beschreibt es ebenso berückend wie beängstigend in seinen beiden Bergwerk-Reportagen. Er erzählt von eiskaltem Luftstrom (unter Tage herrschen gleichbleibend neun Grad Celsius), von undefinierbaren Geräuschen, von Beklemmung: „Feucht, kalt und dunkel war alles um mich herum." Vor allem feucht: „… der Tropfenfall von den Wänden, das trübrote Wasser in dem Graben an der Seite, die bleichen Pilzschnüre an den klatschnassen Wänden …", und alles bloß im mageren Licht von „zuckenden, flackernden Lämpchen".

Schließlich gelangt Löns zu einer Stelle, wo ein Bergmann Kohle aus dem Berg haut. Es gibt keine Maschinen, bloß Hacken (die im Bergmannsdeutsch „Keilhauen" heißen). Es gibt keinen Platz, nicht zum Stehen, nicht mal zum Ausholen mit der Hacke. „Ganz dicht bei mir geht es ‚pink, pink'. Ich lege mich auf den Bauch und sehe in die Streb hinein." Eine Streb ist ein Abbau-Raum. „In dem vierzig Zentimeter hohen Raum liegt zwischen den hölzernen Stempeln ein Mann auf der linken Schulter und setzt die Hacke in das Flöz." Das Flöz ist die Kohlelagerstätte, Stempel heißen die Stützen, die verhindern, dass dem Bergmann der Berg auf den Kopf fällt. „Nur der rechte Arm ist frei, auf dem linken liegt der Mann. Ein Hacken ist hier unmöglich, als Hebel nur kann die Hacke gebraucht werden."

An anderen Stellen geht es bloß mit Fäustel und Brecheisen. Man muss gebückt gehen, kriechen. Löns sieht ab und zu „eine Grubenlampe über einem schwarzen Jungensgesicht", oder „ein Pferdekopf erscheint".

Es geht noch tiefer: „Endlich bin ich auf dem letzten Podest, zweihundert Meter unter dem Fuß des Deisters…" Löns steht da, wo der Schacht ausgemauert wird. Beim Kohlehacken oben, notiert er, drohten Steinfall und Grubenbrände. „Hier aber droht der Geist des Trübsinns. Er grinst aus dem Halbdunkel, er kriecht mit der Kälte durch die Gummimäntel, er kichert sein böses Lachen durch das ewige Gepladder. Es gehören feste Männer zu solcher Arbeit."

Glücklicherweise stehen wir nicht da unten in 200 Metern Tiefe, sondern nur am Mundloch des Egestorfer Stollens. Dieter Lohmann klopft auf eine Querstrebe des Gitters. „Im Klosterstollen ist er eingefahren. Hier ist Löns rausgekommen."

Lohmann wendet sich wieder zum Gehen. Hier gibt es sonst nichts mehr zu sehen. Einen eigenen Eindruck von den Mühen der Untertagearbeit kann man sich im Klosterstollen und seinem Besucherbergwerk verschaffen. „Der Industriezweig hat über drei Jahrhunderte die Region geprägt und die Leute ernährt. Das durfte nicht einfach verschwinden", sagt Dieter Lohmann.

Bert Strebe

So geht's zum Stollen-Mundloch:

Am südwestlichen Barsinghäuser Ortsausgang (Nienstedter Straße/ Abzweig Waldstraße) folgt man der L 401 für 700 Meter bis zu einem Abzweig nach links (Sperrschild für Autos und Motorräder, „Frei für Forst- und Holzwirtschaft"). Hinunter in den Wald gehen, einer sanften Rechtskurve folgend, etwa 400 Meter, bis zu einer Infotafel über den Deister-Bergbau. Dort rechts abbiegen – nicht auf die dort beginnende Mountainbikestrecke! – sondern links davon auf den Waldweg (nach einigen Metern sieht man links im Tal den Stockbach). 300 Meter geradeaus: Man läuft direkt auf das Stollen-Mundloch zu.

Sie kennt die Geschichte ihrer Kirche – und die des Leck-meck-Männchens: Sabine Matthies.

12

Leck-meck

Eine kleine Teufelei

Sabine Matthies ist eine Frau, auf die das Wort „plietsch" sehr gut zutreffen würde. Sie wirkt pfiffig und ist schlagfertig, sie lacht gern, sie ist seit 1982 im Kirchenvorstand der Heilig-Kreuz-Kirche in Kirchdorf. Und sie erzählt gern die Geschichte der kleinen Steinfigur, die da ganz hoch oben am Turm ihrer Kirche aus der Wand ragt. „Leck-meck" heißt das Männchen, und Sabine Matthies schaut ein bisschen schelmisch, als sie sagt, was die Darstellung bedeutet: „Es heißt: Ihr könnt uns mal!" Dann guckt sie ganz schnell weg, als hätte sie was Unanständiges gesagt. Sie ist eben auch höflich und möchte niemandes Gefühle verletzen. Einen Moment später lächelt sie wieder verschmitzt.

Ach was, unanständig. Das ist es ja gar nicht. Bloß deutlich. Außerdem: Was soll sie schon machen. Der Stein heißt nun mal so. Die Urform des Namens lautete: „Lecke meck." Plattdeutsch. Da kann man gar nicht anders als an Götz von Berlichingen denken.

Kirchdorf ist ein Ortsteil von Barsinghausen. Und mit diesem Satz ist die Problemlage bereits erschöpfend beschrieben. Denn Kirchdorf ist eben Kirchdorf und – da kann es tausendmal Ortsteil von Sonstwas sein – sehr selbstbewusst. Die erste urkundliche Erwähnung von Kirchdorf datiert auf das Jahr 892. Sabine Matthies erzählt, der Sage nach hätten die Kirchdorfer schon früh eine eigene Kirche haben wollen, aber das Kloster Barsinghausen habe gemauert, wohl wegen der Furcht vor geringeren Kirchgeldeinnahmen. Schließlich gaben die Barsinghäuser doch nach, die Kirche wurde gebaut. Und als kleine Spöttelei und abfällige Geste platzierten die Kirchdorfer unterhalb des Schalllochs der Glocken die kleine Figur, die ihren Hintern Richtung Westen streckt. Da liegt Barsinghausen.

Der Hintern weist nach Westen: der Leck-meck.

„Eigentlich heißt es also: Ihr Barsinghäuser könnt uns mal", sagt Sabine Matthies und lacht wieder. Sie erzählt eine weitere Fassung der Sage, der zufolge die Barsinghäuser Klosterherren nicht bloß Widerstand geleistet, sondern aktive Sabotage geübt hätten gegen den Kirchdorfer Kirchenbau: Sie hätten nachts die Steine geklaut. Die Kirchdorfer mussten sie morgens zurückholen. Der Rest wie gehabt: mühsames Hin und Her, Missstimmung, dann doch Kirchenbau. Mit dem steinernen Leck-meck am Turm.

Wie gesagt: Das sind Sagen. Denn so schön die Geschichten auch sind, ganz wahr können sie nicht sein. Sabine Matthies holt ein Buch aus ihrer Tasche, außerdem Kopien und Zeitungsartikel. Daraus ergibt sich, dass nach allen historischen Quellen das Dorf mit der Entstehung der Kirche gegründet worden ist. Mithin wurde sie nicht erst nachträglich gebaut. Und ein weiteres Detail passt nicht: Das Kloster Barsinghausen kann den Kirchdorfern keinen Kirchenbau verweigert haben, denn Kirchdorf ist viel älter als das Kloster, das 1189 gegründet wurde.

Der Historiker Norbert Steinau, der aus der Gegend kommt, hat sich als junger Mann – das war ungefähr zu der Zeit, als Sabine Matthies in den Kirchenvorstand gewählt wurde – bemüht, hinter den eigentlichen Sinn des Leck-meck-Männchens zu kommen. Und festgestellt, dass die Figur einen Bart und ein leicht spitzes Ohr aufweist, mithin an Teufelsdarstellungen erinnert.

Diese Tradition gibt es vor allem in Süddeutschland, wo man öfter Abbildungen von Unholden, Dämonen, Heidengöttern und Teufeln an den Kirchen findet. Das sind sogenannte Neidköpfe, was sich von dem Wort „Nid" für Missgunst ableitet. Die Darstellungen sollen eine Art Abwehrzauber sein, wobei sie dem Grundsatz folgen, Gleiches mit Gleichem zu bekämpfen. Sie wurden vor allem in Richtung Westen, der Himmelsrichtung des Dunklen, des Sonnenuntergangs, angebracht. Übrigens gerade in der Nähe der Schalllöcher der Glockentürme. Denn der Schall der Glocken soll Dämonen vertreiben. Die Vermutung, die kleine Kirchdorfer Figur sei also eigentlich ein Teufelchen, ist demnach ziemlich naheliegend.

„Es heißt: Ihr könnt uns mal!"

Was übrigens nicht bedeutet, dass die Kirchdörfer und die Barsinghäuser nicht doch die eine oder andere Rivalität ausleben würden. Ende der 60er-Jahre wurden sie trotzdem zu einer Kommune zusammengefasst. Frage an Sabine Matthies: Ist das Verhältnis dadurch besser geworden? „Nein." Und heute? „Es geht, es geht", sagt Sabine Matthies. Das klingt mehr nach Kooperation als nach Freundschaft. Und danach, dass der Leck-meck-Satz auch heute noch ab und zu fallen könnte.

Bert Strebe

So geht's zum Leck-meck:

Die Heilig-Kreuz-Kirche steht an der Landstraße (das ist der Straßenname) in Barsinghausen-Kirchdorf, nahe der Einmündung Wemelstraße. Der Leck-meck findet sich an der Westseite über der Eingangstür hoch oben am Turm unter dem Schallloch der Glocken.

Vielleicht hat Blut dran geklebt, vielleicht auch nicht: die Klinke des Burgdorfer Pfarrwitwenhauses.

13

Klinke

Signatur Hann. 70 Nr. 3551

Im September 1845 drohte dem Schlachter Heinrich Thöne, wohnhaft in der Mittelstraße 15 in Burgdorf, die Exekution. Thöne hatte Schulden, 32 Taler. Von so einer Summe konnte damals eine vierköpfige Familie fast drei Monate leben. Die Exekution, die dem Metzger seinerzeit bevorstand, war allerdings nicht tödlich – eigentlich. Mit dem Begriff war die gerichtliche Zwangsvollstreckung gemeint. Tragischerweise aber tat Thöne am Nachmittag des 13. September 1845 etwas, das schließlich doch zu einer letalen Exekution führte. Seiner Exekution.

Frage an Dieter Heun: Ist das hier an der Tür, vor der er steht, die Klinke, die Heinrich Thöne an jenem Tag heruntergedrückt hat, als er vom Acker zurückkam, mit Schaufel und Schubkarre und Blut an den Händen? „Tür kann gut sein", sagt Dieter Heun, der das wuchernde Weinlaub, das neben der Tür hochrankt, etwas zur Seite geschoben hat. „Es ist offenbar dieselbe Tür. Ob es dieselbe Klinke ist, weiß man natürlich nicht.“

Die Vermutung, was die Tür angeht, speist sich aus einem Foto von 1890, das den (damals verputzten) Fachwerkbau zeigt. Im Erdgeschoss ist nicht mehr die Schlachterei von Heinrich Thöne zu sehen, natürlich nicht, sondern ein Haushaltswarengeschäft. Aber die Tür mit den eingearbeiteten Holzquadraten ist offenkundig identisch. Das Schloss kann heute nicht dasselbe sein – was da im Türblatt steckt, ist ein Sicherheitsschloss. Aber die Klinke ist alt und abgegriffen und verrostet. Sie kann durchaus die Zeiten gesehen haben, als Heinrich Thöne seinem Verwandten erst etwas Vesperwurst anbot und ihm dann die Kehle durchschnitt.

Dieter Heun am Tatort Burgdorf.

Doch von vorn. Der Burgdorfer Ortschronist Dieter Heun, der das nebenberuflich zum Pensionärsdasein macht, aber mindestens so gewissenhaft wie ein Profi, berichtet: Das Eckgebäude Mittelstraße 15 gehörte über 100 Jahre einer Familie Matthias, bis es an die Witwe eines Superintendenten verkauft wurde und später in den Besitz des „Superintendenten-Witwenthum Haus-Fonds zu Burgdorf“ überging. Es hieß (und heißt) im Volksmund „Pfarrwitwenhaus“. Was es nicht war – es war das Superintendentenwitwenhaus – das Haus der Pfarrerswitwen befand sich in der Neuen Torstraße. Aber der Volksmund ist beharrlich.

Heinrich Thöne, Sohn eines rauen Vaters und einer verstorbenen Mutter sowie mehrerer aufeinanderfolgender Stiefmütter, hatte sich 1842 in Burgdorf als Metzger niedergelassen. Doch sein Ansehen im Ort war gering, seine Kundschaft überschaubar. Thöne geriet in finanzielle Not, zumal er Frau und drei Kinder hatte. An dem schicksalhaften 13. September 1845 bekam Thöne Besuch von einem entfernten Verwandten, dem Schachtmeister – das ist ein Vorarbeiter – Friedrich Franz, der beim Bau der Eisenbahn von Lehrte nach Celle beschäftigt war. Thöne saß gerade beim Vesperbrot und lud den Verwandten dazu ein. Franz hatte 210 Taler dabei, den Lohn für seine Arbeiter. Thöne bat ihn verzweifelt, ihm etwas zu leihen. Franz lehnte ab. Dann stritt man plötzlich über die Qualität der Vesperwurst, die Dinge eskalierten, und so passierte es: Thöne griff den Bauarbeiter an, schlug ihn mit dem Kopf gegen die Wand und stach mit einem Messer auf ihn ein. Blut floss. Thöne geriet in Panik, schlug dem Opfer mit einem Schlachterbeil auf den Kopf und schnitt ihm die Kehle durch. Nachts brachte er den Schachtmeister mit der Schubkarre zu einem nahen Acker und vergrub ihn dort.

Die Behörden vermuteten fast zwei Wochen lang, Friedrich Franz sei mit dem Eisenbahnbauarbeiterlohn durchgebrannt. Aber dann, am 25. September, buddelten Hunde den nicht allzu tief verscharrten Leichnam des Schachtmeisters aus. Thöne geriet rasch in Verdacht, kam ins Celler Gefängnis, gestand und wurde am 22. Juli 1846 zum Tode verurteilt.

Die Untersuchungsakten der Burgvogtei Celle liegen heute im Staatsarchiv Hannover, Signatur Hann. 70 Nr. 3551, tausend Seiten. Zeugen des Prozesses und seiner Folgen gab es auch genug, namentlich Zeugen der Hinrichtung. Einer war Eugen Freiherr von Hammerstein. Hammerstein hat einen Bericht dazu verfasst; er schildert den Gang des Delinquenten zum Schafott am 19. März 1847 in quälender Genauigkeit: das gefasste Wesen des Verurteilten, die Gebete der Geistlichen, die ungeheure Masse an Gaffern, das Blitzen des Schwerts von Scharfrichter Fröhlich aus Hoya in der Sonne. Die Menge schreit „Bravo".

Dieter Heun, weist noch darauf hin, dass Heinrich Thöne auf einer blutigen Kuhhaut zum Celler Galgenberg geschleift wurde. Das habe zu einer bewusst erniedrigenden Art der Bestrafung gehört, sagt Heun. Zweitens: Thönes Enthauptung war die letzte öffentliche Exekution in Celle. Dann wendet er sich ab, von verrosteter Klinke und Holzkassettentür und Pfarrwitwenhaus und seiner grausamen Geschichte. Das Weinlaub rutscht wieder vor die Tür.

Bert Strebe

So geht's zur Klinke:

Das Pfarrwitwenhaus in Burgdorf steht in der Mittelstraße 15.

Vor 1200 Jahren ist hier eine Burgmauer gewesen: Dieter Heun am Ringwall in Heeßel.

14

Ringwall

Die erste von drei Burgen

Von der Dorfstraße aus sind es bloß 450 Meter. Da, wo seit 2015 die Rösterei der Hannoverschen Kaffeemanufaktur ihren Sitz hat, geht man die Straße hinunter, die schon so heißt wie das, was wir suchen: Burgstraße. Nach besagten 450 Metern steht rechts eine verwitterte Hinweistafel. *Ringwall* steht darauf. Was sich, wenn man das Gelände rechts betritt, als leichte Untertreibung erweist. Denn es gibt einen Außenwall und einen Innenwall und den eigentlichen Burgwall. Und „Wall" heißt hier wirklich Wall, nicht bloß Bodenwelle oder Erhebung oder leichte Böschung oder so. Die Wälle sind so steil wie ein Deich und ungefähr drei Meter hoch.

Burgdorf im hannoverschen Land. Bekannt für seinen köstlichen Spargel, seine pittoresken Zinnfiguren, seine erfolgreichen Handballer und die liebevoll restaurierten Fachwerkhäuser. Nicht bekannt dafür, dass Burgdorf wirklich ein Dorf wäre. Es ist eine Stadt mit 30.000 Einwohnern. Ein Dorf war Burgdorf im 13. Jahrhundert, als es erstmals in einer Urkunde auftauchte. Aber wo war die dazugehörige Burg? Höchstwahrscheinlich dort, wo wir stehen: Burgdorf-Heeßel, Burgstraße, Ringwall. Jedenfalls war das die erste Burg. Es gab nämlich, wie Dieter Heun erläutert, gleich drei davon.

Dieter Heun ist pensionierter Beamter, Heimathistoriker aus Leidenschaft und allein und zusammen mit seiner Co-Autorin Heidi Rust Verfasser einer mittlerweile stattlichen Reihe von Veröffentlichungen zur Burgdorfer Geschichte – für Erwachsene ebenso wie für Kinder.

„Die Burgen standen nicht zur gleichen Zeit.“

Er steigt den ersten der drei Wälle hinauf und berichtet von der alten Sage von den drei Rittern, allesamt Brüder, die die drei Burgdorfer Burgen bewohnt und sich über ihr Erbe zerstritten und sich quasi gegenseitig totgeschlagen hätten, sodass sich die Heide rot färbte. Weswegen es nahe Burgdorf-Beinhorn einen Landstrich namens „Todtenkamp“ gebe. „Aber die Burgen“, sagt Dieter Heun und nimmt den zweiten Wall in Angriff, „standen ja gar nicht zur gleichen Zeit.“

Es stand zunächst die Burg zu Heeßel, um das Jahr 800 herum von Adeligen erbaut – was nicht komplett bewiesen ist, aber nach Ausgrabungen von 1934 als einigermaßen gesichert gilt. Irgendwann nach 1100 baute sich das Geschlecht eine neue Burg zwischen den heutigen Orten Steinwedel und Burgdorf. In einem tiefen, feuchten, sumpfigen Grasgelände, und so nannte sich die Familie dann auch: Depenau, nach den niederdeutschen Begriffen für tief, „dep“ (mit Deklinationsendung „-en“) und „Au“ für Wiese. Doch auch dieser Wohnsitz hatte keinen Bestand, die Depenauer verließen ihn – beziehungsweise mussten ihn verlassen: Im Jahre 1225 wurde Clanchef Dietrich von Depenau des Landes verwiesen, der Bischof von Hildesheim warf ihm sechsfachen Mord, Raub, Kindesraub und Kirchenplünderung vor. Bald darauf starb die Sippe aus.

Wir haben mittlerweile den eigentlichen Burgwall erklommen, den Hügel, auf dem das Haupthaus der Heeßeler Burg gestanden haben muss. Am Rand liegen ein paar Plastikbecher herum. Wahrscheinlich haben hier einige Jugendliche die Wirkung von Met oder gleichartigen Getränken erforscht. Zwischen zwei Bäumen ist eine Ansammlung von Totholz geradezu malerisch drapiert worden.

Statt eines Gebäudes gibt es auf dem alten Burgwall nur noch Totholz.

Der Bischof von Hildesheim, erzählt Dieter Heun, habe dann die Depenau-Burg selbst übernommen und zur Grenzfestung ausgebaut. Und in der Nähe sei langsam ein Bauerndorf entstanden. Als es eine gewisse Größe erreicht hatte, als auch Handwerker dort lebten und eine Mühle ihren Betrieb aufgenommen hatte, beschlossen die Burgherren, eine dritte Burg zu bauen. Direkt bei den Höfen. Dort, wo später das Burgdorfer Schloss stand. In jener Zeit bekam die Stadt ihren Namen.

Noch nicht ganz den heutigen. In einem Dokument aus dem Jahre 1277 heißt der Ort „Bortorpe". 1279 vermerkt eine Chronik die Bezeichnung „Borchtorpe". Aber beides heißt auf Hochdeutsch – genau.

Bert Strebe

So geht's zum Ringwall:

In Burgdorf-Heeßel in Höhe der Dorfstraße 17 rechts in die Burgstraße einbiegen. Der Eingang zum Ringwall liegt nach 450 Metern auf der rechten Seite und ist durch ein Schild gekennzeichnet.

Hier beginnt der Wundergarten: Friedhelm Stein mit Hinweistafel.

15

Thingstätte

Der grüne Wundergarten

Engensen. Etwa zehn Quadratkilometer groß. Rund 1500 Einwohner. 1974 in die Stadt Burgwedel eingemeindet. Wahrscheinlich ging das mit der Eingemeindung seinerzeit nur, weil die Engenser nicht mehr mit dem Beil im Gürtel rumgelaufen sind. Ein paar Hundert Jahre vorher hätte mal jemand kommen und ihnen sagen sollen, sie würden jetzt irgendwo eingemeindet. Er hätte wahrscheinlich sein blaues Wunder erlebt. In der Gegend waren schließlich Germanen vom Stamm der Sachsen ansässig: stolz, eigensinnig und gewohnt, sich nicht viel sagen zu lassen. Sie hatten sogar eine Kultstätte dort, einen Thingplatz. Er heißt – das ist jetzt kein Scherz – „Wundergarten“.

Statt sich eingemeinden zu lassen, haben sich die Engenser früher eher ausgemeindet. 1307 war das, da haben sie sich nämlich einfach von der damals für sie zuständigen Pfarrei Burgdorf losgesagt. Und

– wahrscheinlich, um die Beile nicht zu sehr abzunutzen – losgekauft. Eine Kirche hatten sie auch schon. Na gut: eine Kapelle. Sie gehört heute zur Gemeinde St. Marcus und ist eines der ältesten Kirchenbauwerke der Region.

Durch Engensen lief im Mittelalter und noch lange danach die alte Poststraße zwischen Hannover und Celle mit einem Posthaus. Man konnte dort die Pferde wechseln und sich ordentlich ausruhen und erfrischen: Das Posthaus besaß eine unbeschränkte Konzession für den Ausschank von Wein, Bier und Branntwein. Noch heute gibt es an der Hauptstraße ein Gasthaus, das „Zum Alten Posthof" heißt. Der Name für die Gaststätte ist ein wenig geschummelt, der eigentliche alte Posthof lag um die Ecke. Und eine Gaststätte ist das auch nicht mehr, die wirtschaftlichen Entwicklungen (im buchstäblichen Sinne des Wortes) forderten ihren Tribut. Aber Familienfeste kann man dort noch feiern, und im Sommer öffnet ein Biergarten.

Das Regiment im Alten Posthof führen Ursula und Friedhelm Stein. Und Friedhelm Stein ist der Ortsbürgermeister von Engensen. Mithin einer von diesen selbstbewussten Leuten, die sich eher ungern eingemeinden lassen. Konsequenterweise ist er es, der uns zur örtlichen Thingstätte führt, jenem Wundergarten, in dem in grauer Vorzeit die wehrhaften alten Germanen ihre Angelegenheiten geregelt haben. „Mit Wundern hat das aber wohl nicht viel zu tun", sagt Friedhelm Stein. „Auch nicht mit Gärten."

Die Geschichte des Wundergartens hat Horst Dralle aufgeschrieben, der Ortschronist von Engensen. Sehr kurze Kurzfassung: Als Karl der Große die germanischen Völker vom Wert des Christentums überzeugen wollte, nutzte er dafür weniger das Wort als vielmehr das Schwert. Über drei Jahrzehnte führte er Krieg gegen die Sachsen – das war der germanische Stamm, der am längsten Widerstand leistete. Sie unterlagen, und damit gingen eine jahrhundertealte Stammesverfassung, eine Religion und auch eine demokratische Haltung unter. Denn die Sachsen regierten sich selbst mit Hilfe von besagten Things. Weise Männer entschieden gemeinsam, lösten Konflikte, sprachen Urteile. Ein anderes Wort für Thing war „Ding". Entschied die Versammlung über einen Übeltäter, wurde er – den Begriff gibt es heute noch – „dingfest" gemacht.

Ortsbürgermeister Friedhelm Stein führt uns erst in Richtung Wald, dann in den Wald hinein, dann immer weiter. Das ist ein Flurstück, das Wodanskamp heißt (nach dem Gott, der auch Wotan oder Odin genannt wird). In einer Urkunde aus dem Jahr 900 soll der Platz erwähnt worden sein, schreibt Ortshistoriker Dralle, allerdings ist das Dokument nicht auffindbar. Der Name Wundergarten ist andererseits offiziell durch Eintrag in ein Erbregister von 1669 belegt. Der Volksmund benutzt ihn sowieso.

Und da ist er: Rechts am Wegrand taucht eine halbhohe Hinweistafel auf die Thingstätte auf. Und nach zwei, drei Schritten aufs Gelände kann man sich auf eine Bank setzen und den Wundergarten bestaunen. Kein blaues Wunder, ein grünes: Bäume, Sträucher, wilde Natur. Jedenfalls so wild, wie sie heute, 1200 Jahre nach den Sachsen, noch sein kann. Sonstige Überreste? Steinkreise, ausgegrabene Äxte? Friedhelm Stein schüttelt den Kopf. Dabei gab's mal welche. Findlinge, einen sogenannten Opferstein und riesige Eichen. Horst Dralle berichtet, das sei alles weggekommen, als man 1961 den nahen Bach Wulbeck begradigt hat. Damals habe keiner darauf geachtet.

Wir müssen uns also mit der Natur und unserer Fantasie begnügen. Warum aber heißt der Wodanskamp Wundergarten? Friedhelm Stein erläutert, was die Fachleute vermuten: dass aus dem „Wodan" irgendwann „Wunder" geworden ist. Sprache schleift sich bekanntlich beim Gebrauch von selbst zurecht. Wodanskamp und Wundergarten wären demnach die gleiche Bezeichnung für denselben Ort.

Bert Strebe

So geht's zur Thingstätte:

Man folgt dem Engenser Allerhoopsweg ortsauswärts bis zum Ende, bis er spitzwinklig auf den Hermann-Löns-Weg trifft. Von dort geht es geradeaus auf dem Waldweg weiter, ungefähr 150 bis 200 Meter. Kurz vor dem Bach Wulbeck liegt rechts die Thingstätte, gekennzeichnet durch ein goldfarbenes Hinweisschild.

Gedenken an die NS-Opfer: das Mahnmal in Großburgwedel.

Mahnmal

16

Das taubstumme Kind

Die Begegnung ist Zufall, wie man so sagt. Der Ort: der Friedhof an der Thönser Straße in Großburgwedel. Es ist später Vormittag. Irgendwo hier soll ein Mahnmal für Opfer des Nationalsozialismus stehen. Aber wo bloß? Niemand da, um zu fragen. Dann rollt ein Lieferwagen aufs Gelände, kurvt zur Kapelle. Zwei Männer steigen aus und beginnen, Deko-Pflanzen für eine Trauerfeier auszuladen. Einer von ihnen, ein seriöser älterer Herr, gedeckter Zweireiher, dunkle Krawatte, sagt: „Da drüben."

Er lächelt freundlich dabei, aber etwas liegt hinter diesem Lächeln, wie ein leichter Schleier, etwas Verborgenes. Und ein Zögern. Dann sagt der Mann: „Da finden Sie auch meinen Cousin." Wie bitte? „Auf dem Mahnmal", sagt der Mann. „Da steht der Name meines Cousins. Daps, ich heiße Walter Daps. Er hieß auch Daps. Friedrich. Er war neun."

Es ist schon das zweite Mahnmal auf dem Friedhof. Um das erste, vor Jahren aufgestellt, gab es sehr lange sehr heftigen Streit, weil unter den Personen, derer gedacht wurde, innerhalb einer Riege von gefallenen Wehrmachtssoldaten auch Angehörige der Waffen-SS waren. Es gab Kräche, Beschimpfungen, Zerstörungsaktionen. Die Großburgwedeler haben den Konflikt ausgehalten und ausgetragen und ein neues Mahnmal errichtet. Inzwischen teilt sich die Gedenkstätte auf. In einem Part wird an 144 tote Soldaten aus dem Ort erinnert, außerdem an 15 Zivilisten, die durch die Kriegsfolgen umkamen. Im anderen Teil sind die NS-Opfer genannt: sieben jüdische Bürger. Acht Zwangsarbeiter und Kriegsgefangene und unbekannte KZ-Häftlinge. Vier Sinti oder Roma, die später anderswo ermordet wurden. 28 Säuglinge polnischer und sowjetischer Zwangsarbeiterinnen, die ihren Müttern weggenommen worden waren, an Unterernährung starben und an unbekannter Stelle auf dem Friedhof beerdigt sind.

Hat erst mit 70 Jahren Verspätung vom Schicksal seines Cousins erfahren: Walter Daps.

Und drei Euthanasie-Opfer. Da steht er, der Cousin von Walter Daps: *Friedrich Daps. 04.10.32 – 21.03.42.*

Walter Daps ist Mitte siebzig. Bei ihm zu Hause wurde damals über den kleinen Friedrich kaum gesprochen. Friedrich hatte mit seinen Eltern an der Dorfstraße in Isernhagen gewohnt, die Straßenbahn fuhr draußen am Stubenfenster vorbei, das weiß Walter Daps noch. Irgendwann hieß es mal, Friedrich sei an Diphtherie gestorben. Was wirklich passiert war, erfuhr Walter Daps erst vor relativ kurzer Zeit, zunächst aus der Zeitung. „Wer weiß etwas über Friedrich Daps' Familie?", titelte die Nordhannoversche Zeitung Anfang 2015. Dabei stieß Walter Daps auf Carola Rudnick.

Carola Rudnick ist Historikerin. Sie hat die Geschichte der Psychiatrischen Klinik in Lüneburg zu Zeiten der Nationalsozialisten aufgearbeitet, das Haus hieß damals „Heil- und Pflegeanstalt Lüneburg" und besaß eine sogenannte „Kinderfachabteilung". In dieser Sektion wurden von 1941 bis Kriegsende etwa 300 bis 350 Kinder aus ganz Norddeutschland getötet. Von etlichen dieser Kinder wurden die Gehirne entnommen. Davon fertigte man Präparate an und schickte sie in die Hamburger Universitätsklinik Eppendorf. Es gehörte offenbar zur Aufgabe der Kinderfachabteilung, das Universitätsklinikum regelmäßig mit „Forschungsmaterial" zu versorgen. Man hat einige dieser Präparate wiedergefunden, und es war auch ein „Hirnschnitt" von Friedrich Daps dabei.

„Da finden Sie auch meinen Cousin."

Friedrich war mit fünf Jahren ins Kinderheim der Pestalozzi-Stiftung in Großburgwedel gekommen, mutmaßlich sollte das bloß vorübergehend sein. Nach knapp einem Monat wurde das Kind in die Psychiatrie in Langenhagen abgeschoben. Dort wollte man den Jungen gar nicht haben, nahm ihn notgedrungen auf, schickte ihn dann nach einer Weile weiter in die Anstalten der Inneren Mission in Rotenburg. Am 9. September 1941 wurde er nach Lüneburg verlegt. Die Eltern wurden schon lange nicht mehr gefragt. Die Kinderfachabteilung schickte eine lapidare Notiz an den Vater in Isernhagen, das Kind sei jetzt dort untergebracht. Am 23. März 1942 folgt die Mitteilung, Friedrich sei an akuter „Lungenentzündung mit linksseitiger Rippenfellentzündung" gestorben.

Zahlreiche Kinder sind in Lüneburg angekommen und innerhalb eines halben Jahres angeblich an Lungenentzündung gestorben. Die Sichtung der Akten hat ergeben, dass sie oft oder meistens mit Luminal getötet wurden, und dann hat man ihnen Organe entnommen, zu Forschungszwecken.

Friedrich ist umgebracht worden, weil er behindert war. Die Diagnosen der verschiedenen Stellen reichten von „Idiotie" und

„Keine Entwicklung in geistiger Hinsicht“ bis „erziehungsunfähig“. Eine Schwester hatte vermerkt, er sei einfach taubstumm. In Rotenburg notierte man: „Unruhiger, wilder Junge, der zur Sauberkeit angehalten werden muss. Spielt gar nicht, wirft alles weg, spricht auch nicht mit seinen Kameraden, kann noch nicht sprechen. Versteht auch nicht, was ihm gesagt wird.“ Fazit: „Imbezillität“. Zu Deutsch: Schwachsinn.

Walter Daps hat alles gesammelt über Friedrich. Er hat einen ganzen Ordner voll, Akten, Broschüren, Fotos, Zeitungsartikel. Er war zweimal in Lüneburg, hat mit der Historikerin Rudnick gesprochen. „Das war gut“, sagt er.

Dort, in Lüneburg, wurde auf dem örtlichen Friedhof 2013 eine Gedenkanlage für die Opfer der NS-Psychiatrie eingerichtet. Da sind dann auch die sterblichen Überreste von Friedrich Daps und anderen Kindern endlich würdig bestattet worden. In der Psychiatrie Lüneburg gibt es seit 2004 eine Gedenkstätte. Sie hat das Schicksal von Friedrich Daps dokumentiert. Und in Großburgwedel weiß man heute auch, wer er war. Und was ihm angetan wurde.

Bert Strebe

So geht's zum Mahnmal:

Nahe der Kreuzung Kleinburgwedeler Straße und Thönser Straße findet man den Eingang zum Großburgwedeler Friedhof. Wenn man auf die Kapelle zugeht, ist ein Stück nach links eine hohe graue Tafel zu sehen. Sie ist bereits Teil der Gedenkstätte.

Nicht nur für Gustav Harste ist der alte Ringofen ein wichtiges Zeugnis der Garbsener Stadtgeschichte.

17

Ringofen

Wo Fledermäuse in einem alten Ofen wohnen

Mitten im Garbsener Stadtpark kann es passieren: In der Dämmerung streift plötzlich ein Luftzug die Wange des Besuchers. Was war das? Fühlte sich an wie ein zarter Flügelschlag… Genau, es war eine Fledermaus! Schon ist sie verschwunden, durch einen schmalen Schlitz in einem alten Ringofen. Dessen Mauerreste – sie sind fast in die Natur des Parks übergegangen – erinnern an die Industriegeschichte des Ortes. Denn hier, wo die Garbsener heute Erholung suchen und spazieren gehen, wurden auf einer 25 Hektar großen Fläche einst Millionen von Ziegeln hergestellt und gebrannt: in einem Ringofen der Hannoverschen Dampfziegelei GmbH. „Diese Öfen waren oval geformt, in ihrem Innern gab es einen in verschiedene Kammern unterteilten Tunnel. Hier wurden die Ziegel getrocknet, gebrannt, hier kühlten sie aus und es wurden neue gestapelt, wie in einem Kreislauf“, schildert Gustav

Harste von der Stadtverwaltung Garbsen und Mitarbeiter in der Abteilung Stadtgrün und Friedhöfe den früheren Produktionsablauf. Durch diese Methode konnte qualitativ hochwertig und damit effizient produziert werden, „wobei unserem Ringofen die Rundungen an den Stirnseiten fehlen, deshalb ist es ein sogenannter partieller Ringofen".

Vor rund 140 Jahren sorgte „der Bauboom der Gründerzeit für ein lohnendes Geschäft", erzählt Gustav Harste. „Zahlreiche Häuser in Linden und in anderen Stadtteilen Hannovers wurden mit diesen Ziegeln gebaut." Der Standort eignete sich hervorragend als Produktionsstätte. „Hier gibt es Ton. Das bot damals den Vorteil, dass dieser direkt vor Ort war und nicht von Weitem herangeschafft werden musste."

In den 1960er-Jahren schloss die Ziegelei ihre Tore. Heute ist nur noch das Ofen-Gewölbe mit den beiden Tunneln erhalten geblieben. Wobei der Zahn der Zeit und so mancher „Ziegelfreund", wie Harste es nennt, an dem Ofen ihre Spuren hinterlassen haben. „Auch deshalb mussten wir einen Zaun um ihn herum bauen", sagt der Mitarbeiter der Stadt bedauernd. Der rote Ziegelbau mit dem Grasdach ist heute das Zuhause von zahlreichen Fledermausarten. „Sie können hier frostfrei überwintern und haben einen Rückzugsraum. Das zieht viele der Säugetiere an. Und wir leisten damit einen wichtigen Anteil zum Natur- und Tierschutz." Der Naturschutzbund (NABU) kümmert sich um die Fledermäuse. Sie finden den Weg in die Tunnel durch einen schmalen, nur wenige Zentimeter hohen Spalt an der Süd-West-Seite. Im Innern sind die Röhren nach wie vor hohl, erwachsene Menschen können bequem darin stehen.

„Damals haben wir darüber nachgedacht, den Ringofen abzureißen. Aber abgesehen von den dadurch anfallenden Abrisskosten ist er auch ein wichtiges historisches Zeugnis."

Sanfte Hügel und mehr als 50 Baumarten gehören heute zum Stadtpark in Garbsen. Und wenige Schritte vom alten Ringofen entfernt zeugt ein weiterer Höhepunkt des Stadtparks von seiner industriellen Geschichte: „Der Schwarze See – er ist aus der ehemaligen Tongrube entstanden. Neben Enten, Schwänen und Blesshühnern nutzen auch Taucher das Gewässer", erzählt Harste. „Es ist rund 20 Meter tief, und auf dem Grund befinden sich unter anderem Eisen-gestänge, die übrig geblieben sind von der Ziegelei und hier schlicht entsorgt wurden. Das macht es spannend, abzutauchen."

Der Schwarze See im Stadtpark ist die mit Wasser gefüllte ehemalige Tonkuhle der Ziegelei, und für Taucher gibt es so manches zu entdecken.

Seit mehr als 30 Jahren wird die ehemalige Industriebrache zwischen der Bundesstraße 6, der Autobahn 2 und mehreren Hauptverkehrsstraßen umgestaltet. „Garbsen war aus mehreren Dörfern zusammengewachsen. Nun fehlte der neuen Stadt ein Zentrum. Deshalb entschied man in den 1980ern, eine grüne Mitte zu schaffen", erinnert sich Gustav Harste. So beteiligte sich Garbsen an dem Wettbewerb für die Landesgartenschau 1994 „Natur im Städtebau". Den Zuschlag erhielt schließlich zwar Duderstadt – dennoch profitierte die Stadt in der Region Hannover von der Teilnahme. Der Park sollte eine grüne Verbindung zwischen den ihn umgebenden Stadtteilen werden. „Damals haben wir darüber nachgedacht, den Ringofen abzureißen. Aber abgesehen von den dadurch anfallenden Abrisskosten ist er auch ein wichtiges historisches Zeugnis. Deshalb haben wir ihn stabilisiert und so erhalten können", erklärt der Mitarbeiter der Stadtverwaltung.

Mittlerweile ist das Konzept gelebte Praxis: Der Stadtpark verbindet die Wohnquartiere, sorgt für einen Erholungsraum und grenzt die vielbefahrenen Straßen von den Menschen ab. Und kann abendliche Besucher überraschen – wie gesagt – mit einem zarten Flügelschlag...

Rosa Legatis

So geht's zum Ringofen:

Der Ringofen der alten Hannoverschen Dampfziegelei steht im Stadtpark Garbsen in der Nähe des Eingangs an der Berenbosteler Straße/ Ecke Kastendamm.

Für Stadtarchivarin Rose Scholl steht der Stadtteil Auf der Horst unter einem besonderen Stern – nach vielem Auf und Ab werden die Sternenstraßen wieder zu gefragten Adressen.

18

Planetenpfad

Griff nach den Sternen

Was sich sonst riesengroß und unerreichbar im Weltall ausbreitet, ist hier zum Anfassen nah – in Garbsen im Stadtteil Auf der Horst. Sonne, Merkur, Venus, Erde, Mars, Jupiter, Saturn, Uranus, Neptun und Pluto stehen dort vor dem Schulzentrum I Am Planetenring. Auf den ersten Blick mögen die Himmelskörper wie architektonische Kunst im öffentlichen Raum erscheinen, aber sie haben eine ganz praktische Vorgeschichte. Dieser Planetenpfad erzählt davon, unter welchen Vorzeichen der Stadtteil entstand. „In den 1960er-Jahren herrschte durch die große Wohnungsnot unter den Stadtplanern hoher Druck, schnell neue Wohnungen zu bauen. So auch in Hannover und Garbsen", erzählt Rose Scholl, Garbsens Stadtarchivarin. „Dieser Stadtteil wurde auf dem Reißbrett geplant – und als die Frage nach den Straßennamen aufkam, schlug jemand vor, die Sterne zu nehmen. Die neuen Quartiere sollten alle unter einem glücklichen Stern stehen."

Nach dem Zweiten Weltkrieg war ein Großteil des Wohnraums in Hannover und in der Region zerstört. „Von den 158.000 Wohnungen aus Friedenszeiten waren nur 9.400 unbeschädigt geblieben. Jeder Neunte lebte 1950 in einer Notunterkunft", schildert die Stadtarchivarin die damalige Situation. „Auch in Garbsen und Havelse lebten die Menschen auf engstem Raum." Heute gehört Havelse zu Garbsen. Seit Anfang der 1950er-Jahre förderte die Bundesregierung den Wohnungsbau. Zudem wollte eine private Planungsgruppe Heitlingen, früher ein Nachbarort von Garbsen, zu einer Trabantenstadt machen. Rose Scholl: „Die Pläne wurden schließlich verworfen. Aber das Interesse an einem solchen Projekt war dadurch auch in der Stadt Hannover geweckt worden – und so sah man sich nach geeigneten Standorten für eine Satellitenstadt um."

Der Blick fiel auf den heutigen Bereich „Auf der Horst" in Garbsen – 1960 erhielt das Projekt auf 1,2 Quadratkilometern den amtlichen Segen. Allerdings erfuhren die Gemeindedirektoren Heinrich Wulf aus Garbsen und Heinrich Stummeyer aus Havelse formell erst 1961, was dort tatsächlich entstehen sollte. „Etwa 17 bis 20 Millionen D-Mark wollte Hannover investieren. Doch es kam zum Eklat. Man konnte sich zunächst nicht auf die konkrete Realisierung einigen, sodass der Bau sich bis 1964 verzögerte." Erst als die beiden Gemeinden, die Stadt Hannover und der Landkreis einen interkommunalen Vertrag miteinander ausgehandelt hatten, konnte es weitergehen. „Hannover übernahm einen großen Teil der Kosten und behielt die Hoheit über die Belegung der Wohnungen. Deshalb bekamen anfangs nur 40 Garbsener einen Mietvertrag", hat Rose Scholl in alten Unterlagen herausgefunden.

Im Jahr 1964 wurde also der Grundstein gelegt, die Straßen zum Beispiel nach Mars, Jupiter und Saturn benannt. Dann bezogen die ersten Mieter ihre fertiggestellten Wohnungen, eine echte Erlösung für viele Menschen in Hannover, die bis dahin in Notunterkünften gelebt hatten. „Dabei war hier zu Beginn alles noch eine Großbaustelle – und dennoch stieg die Bevölkerungszahl massiv an: 1966 wohnten Auf der Horst schon 8.400 Menschen." Vor allem Familien mit Kindern wurden von den großen Wohnungen, den Mehrfamilienblocks, die höchstens drei Stockwerke hoch waren, und von modernen Bungalow-Eigenheimen angezogen. „Und natürlich von den vielen Grünflächen", so die Archivarin. Mit immerhin einer Buslinie fuhr das hannoversche Nahverkehrsunternehmen Üstra das Neubaugebiet an. Einkaufen war in den Anfangsjahren eher schwierig. Erst 1973 bekam Auf der Horst ein Einkaufzentrum, das „EKZ". Viele Jahre später wurde es durch das „Planetencenter" ersetzt, das heute an der Endhaltestelle der Stadtbahn steht. Scholl berichtet von weiteren Schwierigkeiten, die die Stadtplaner offensichtlich nicht bedacht hatten. „Vieles, was auf dem Reißbrett geplant worden war, funktionierte nicht in der Realität. So reichten die Schulen beispielsweise nicht aus. Die Kinder wurden in drei Schichten unterrichtet."

Im Laufe der Zeit kämpfte der Stadtteil mit massiven Veränderungen. Die einst positive Aufbruchsstimmung wandelte sich, weil Investitionen im Wohnumfeld ausblieben. Resignation machte sich breit und zog Vandalismus nach sich, Leerstände waren die Folge. Mangelndes Engagement der Bauträger und auch fehlende Finanzen führten zu einem Sanierungsstau. „Es lag vieles im Argen. Von Anfang an gab es Initiativen von Mietern, aber ihnen fehlte das Geld für echte Sanierungen. Im Jahr 2006 wurde Auf der Horst in das Städtebauförderprogramm Soziale Stadt aufgenommen. Das war ein wichtiger Schritt für den Stadtteil." Dieses Programm sieht vor, dass durch bauliche Veränderungen, Reparaturen und Renovierungen sowie soziale und kulturelle Angebote die Lebensqualität vor Ort verbessert werden soll. Insgesamt flossen rund drei Millionen Euro, viel Kraft der Einwohner und Mittel privater Bauträger

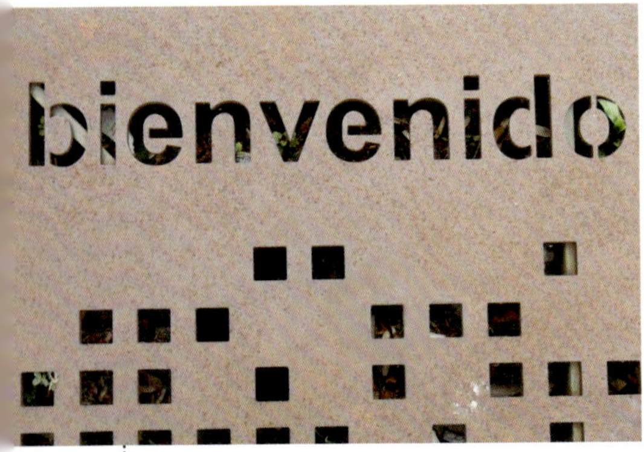

Nach vielen Hochs und Tiefs leben heute 76 Nationen Auf der Horst – darunter auch Spanier.

in das Quartier. Zudem sanierte ein Bauträger im großen Stil: Allein bis 2008 investierte er 8,5 Millionen Euro und gab seinen Häusern ein bunteres Gesicht.

Der negative Höhepunkt für den Stadtteil war 2013 der Brand der Willehadi-Kirche. Sie fing Feuer durch einen Brand, der im Nebengebäude gelegt worden war. Doch das schlimme Ereignis hatte bei den Bewohnern positive Folgen: Anstatt den Stadtteil endgültig zu spalten, rückten die Menschen enger zusammen. Zahlreiche Einwohner kauften für den Neubau der Kirche am Orionhof einen Stein – er kostete symbolische drei Euro. Und es gründete sich das Bündnis „Für ein besseres Miteinander. Gegen Vandalismus, Gewalt und Brandstiftung". 2016 war der Rohbau der Kirche fertig. Sie steht nun auf den Ruinen des alten Gotteshauses. Eine Wand aus alten Steinen entsteht hinter dem Altar, und Teile der früheren Mauern sind ebenfalls integriert.

„Vieles, was auf dem Reißbrett geplant worden war, funktionierte nicht in der Realität."

Heute leben 76 Nationen im Stadtteil Auf der Horst – die Sterne leuchten nach über 50 Jahren Geschichte wieder heller über dem Stadtteil. Und die rund 2,30 Meter hohen Stelen mit der Sonne und den neun Planeten vor dem Schulzentrum I bezeugen: Dieses Quartier ist den Sternen eigentlich ganz nah, auch wenn sie uns Menschen sonst doch im Weltall so unerreichbar erscheinen.

Rosa Legatis

So geht's zum Planetenpfad:

Das Schulzentrum I Am Planetenring befindet sich direkt am Planetenring in Garbsen-Auf der Horst. Die Stelen stehen unmittelbar vor dem Eingang, parallel zu den Bahngleisen.

Von Pflanzen umgeben: die alte Straßenbahnachse.

19

Alte Straßenbahnachse

Freie Fahrt für Schlitten und Skier

Die Menschen in Gehrden, die heute die Straße „Steintor" vor dem herrschaftlichen Haus mit den Fachwerk-Gauben nutzen, achten kaum darauf: Eine alte Straßenbahnachse ist auf dem Gehweg aufgebaut! Sie erinnert daran, dass bis hierher einmal eine Straßenbahn aus Hannover fuhr, die Linie 10. Erstmals ratterte ein Wagen der Üstra (Überlandwerke und Strassenbahnen Hannover AG) am 22. Mai 1898 vom „Steinthore in Hannover bis zum Steinthore in Gehrden". Die örtliche Tageszeitung wusste zu berichten, dass in den ersten Tagen „tausende von Ausflüglern nach dem herrlich gelegenen Flecken Gehrden" fuhren. Stefan Krey vom Förderverein Strassenbahn Hannover e. V. kennt den Preis für diesen Ausflug: „Für die Strecke Hannover-Gehrden mussten die Fahrgäste 1919 genau 60 Pfennig bezahlen." Wo jetzt – eingerahmt von Fachwerk – Wohnungen und ein italienisches Restaurant zu finden sind, herrschte damals rege Geschäftigkeit, denn dort befand sich der Betriebshof der Straßenbahn mit den Wagenhallen.

Von der Innenstadt Hannovers bis weit in die Region Hannover führten die Gleise der Linie 10 – Endstation war in Barsinghausen. „Knapp Hundert Minuten waren die Bahnen von Hannover bis Barsinghausen unterwegs, und das bis tief in die Nacht", erzählt der Straßenbahnfan Stefan Krey. Jetzt steht in Gehrden nur noch der vordere Teil des ehemaligen Betriebshofs. Dort waren einst Diensträume und der Fahrkartenschalter untergebracht. „Heute nennen wir dies Kundenzentrum, wobei damals wohl der Bahnhofsvorsteher selbst den Verkauf übernahm – mancherorts erhielten diese Mitarbeiter Unterstützung von ihren Frauen", berichtet Krey. Vor dem Gebäude gabelten sich die Gleise, links fuhren die Straßenbahnen bis zum Ausflugslokal Berggasthaus Niedersachsen und rechts gingen die Gleise bis nach Barsinghausen am Fuße des Deisters. Dieser mit Buchen und Tannen bewachsene Höhenzug galt schon seit Ende des 19. Jahrhunderts als beliebtes Ausflugsziel für viele Hannoveraner. Und lange Zeit war im Fahrplan der Linie 10 vermerkt, dass im Winter Schlitten und Skier kostenfrei mitgenommen werden dürfen.

Die 10 ist für Stefan Krey eine ganz besondere Straßenbahnlinie gewesen.

Heute fahren auf den ehemaligen Gleisbetten Autos. Diese sorgten übrigens auch für das Aus der Linie 10. „Ab den 1950er-Jahren hat sich jeder, wenn er konnte, ein Auto gekauft", berichtet Krey, „zudem waren die Gleise total abgefahren." Am 4. Juli 1961 fuhr die letzte der damaligen Straßenbahnlinie Nr. 10 mit Passagieren bis nach Gehrden. In der Hannoverschen Presse notierte Hans Joachim Toll: „Auf der ganzen Strecke bis zur Nenndorfer Straße standen immer wieder Menschen und schwenkten Hände und Tücher. Auch machten viele Gehrdener die Fahrt mit, eingeladen, kostenlos. Und die Musik spielte unverdrossen. Und alles war gut aufgelegt und vergnügt. Es war eine fröhliche letzte Fahrt."

Seitdem verkehren nur noch Busse auf der Strecke: „Von Anfang an war die Gehrdener Straßenbahn gut ausgelastet, und das sind die Busse heute – oder wie ich sie nenne: Gummireifen-Bahnen – nach wie vor", so Stefan Krey.

Wer heute zu Besuch in der Stadt und Region Hannover ist, kommt in den Genuss eines gut ausgebauten Bus- und Stadtbahnnetzes. Rund 127 Kilometer Gleise sind verlegt. Und die einstigen Straßenbahnen sind Stadtbahnen, da sie sowohl oberirdisch als auch unterirdisch unterwegs sind. Fahrgäste, die die Stadtbahnlinie 9 bis zum Endpunkt Empelde nutzen und dann in den Bus Nr. 561 umsteigen, folgen in Teilen dem alten Streckenverlauf der früheren Linie 10 – die Gleise der jetzigen Nummer 10 nehmen einen anderen Weg. Doch einst war das Netz der Üstra noch sehr viel weiter verzweigt und mehr als 290 Kilometer lang. Von diesen glorreichen Zeiten sind hin und wieder Zeugnisse zu entdecken, so eben die Straßenbahn-Achse in Gehrden. Und im Üstra-Netz gibt es immer noch eine Nummer 10. Sie ist eine von zwei Stadtbahnlinien, die nur oberirdisch fahren. Alle anderen Linien sind auch unterirdisch unterwegs.

Rosa Legatis

So geht's zur alten Straßenbahnachse:

Der Betriebshof der Straßenbahnlinie 10 steht in Gehrden am Steintor, direkt hinter der Volksbank. Die alte Straßenbahnachse liegt unmittelbar davor.

Das Holle-Denkmal auf dem Suerser Berg erinnert an den Soldaten Carl Ludewig von Holle, der in der schicksalhaften Schlacht von Waterloo fiel.

20

Holle-Denkmal

Ein umgänglicher Typ

Auf dem Suerser Berg bei Gehrden steht seit ewiger Zeit ein Denkmal, nicht besonders hoch, dafür kantig und ziemlich verwittert. Es wurde dort zum Gedenken an Carl Ludewig von Holle (1783-1815) errichtet. „Wer dieser Mann wirklich war, haben wir tatsächlich jetzt erst erfahren", erklärt Dieter Mahlert, Vorsitzender der Heimatbundgruppe Gehrden. Gemeinsam erforschten er und die Mitglieder der Gruppe die Hintergründe des Holle-Denkmals. „In unserer Kindheit haben einige von uns immer wieder am Gedenkstein gespielt, aber für seine Geschichte haben wir uns damals natürlich nicht interessiert. Manchmal haben wir sogar überlegt, ob der Stein etwas mit Frau Holle aus dem Märchen zu tun hatte", erinnert sich der pensionierte Lehrer schmunzelnd. „Aber von Holle war keine Märchenfigur, sondern ein adliger Waisenjunge, der hier von Friedrich Otto von Reden in dessen Familie aufgenommen wurde."

Das Adelsgeschlecht von Reden hat seinen Stammsitz im heutigen Pattenser Ortsteil Reden in der Region Hannover. Doch damals besaß die Familie unterhalb des Suerser Berges ein Rittergut, die Franzburg. Heute erinnert der Ottomar-von-Reden-Park an diese Zeit. Dieser ehemalige Gutspark wurde 1780 angelegt und von eben diesem Ottomar von Reden, Mitglied der Adelsfamilie und früherer Bürgermeister von Gehrden, vor mehr als 50 Jahren der heutigen Region Hannover übertragen.

Dieter Mahlert (rechts) und Helmuth Temps rätselten schon als Kinder über die Geschichte des Holle-Denkmals – heute wissen sie: Carl Ludewig von Holle war ein beliebter Berufssoldat.

Der spätere Berufssoldat von Holle, an den der Stein auf dem Suerser Berg erinnert, wurde am 18. Mai 1783 auf einem Rittergut in Eckerde geboren, heute gehört dieser Ort zu Barsinghausen. Seine Eltern verstarben früh. Und Carl Ludewig kam mit seinen neun Geschwistern in die Obhut anderer adliger Familien. Ihn nahmen die von Redens auf, und so lebte er mit ihnen zusammen auf der Franzburg: „Er war offenbar ein sehr umgänglicher Typ, ihm ist immerhin ein Gedenkstein gesetzt worden." Das sei damals nicht selbstverständlich gewesen, so Mahlert. „Und dies wurde schon gar nicht für jemanden getan, den man nicht mochte." Die Inschrift auf dem Denkmal spricht denn auch für den Charakter des Verstorbenen. Sie lautet:

Dem Freunde der Natur / dem Unvergesslichen / Gespielen froher / Jugendjahre setzen wir / hier wo er gern weilte / diesen Denkstein / liebende Freunde.

Viele der jungen adligen Männer, die nicht Erstgeborene waren und damit Hof und Ländereien erbten, mussten in der Feudalgesellschaft vergangener Jahrhunderte nach Möglichkeiten suchen, um ihren Lebensunterhalt zu verdienen. Häufig fiel ihre Wahl auf den Beruf des Soldaten. Carl Ludewig von Holle trat 1803 in der Kings German Legion (Königlich Deutsche Legion) seinen Dienst an. „Dieser militärische Großverband wurde von Georg III. gegründet. Damals waren die Könige Englands in Personalunion auch Kürfürsten von Hannover", berichtet der Vorsitzende der Heimatbundgruppe Gehrden.

Viele ehemalige hannoversche Soldaten schlossen sich dieser Legion an und zogen europaweit in verschiedene Schlachten, die entscheidendste war die blutige Auseinandersetzung bei Waterloo (siehe Geheimnis 21). Bei diesem kleinen Dorf – es liegt im heutigen Belgien – besiegte die Allianz aus hannoverschen, britischen, preußischen, österreichischen und russischen Truppen die französischen Streitkräfte. Deren Niederlage war so vernichtend, dass sie letztlich zur Abdankung Napoleons und damit zum Ende des von Napoleon begründeten französischen Kaiserreichs führte. Bis heute erinnern Denkmäler, zum Beispiel die Waterloo-Säule in Hannover, an die Schlacht.

Für Carl Ludewig von Holle ging sie tragisch aus. „Er fiel am 18. Juni 1815 – der Hauptmann wurde 32 Jahre alt", beschreibt Mahlert dessen Schicksal. Militärhistoriker sprechen von einem Inferno. Mehr als 40.000 Männer sollen an diesem einen Tag in der Waterloo-Schlacht gefallen sein. Carl Ludewig von Holle verstarb kinderlos, ihm blieb keine Zeit, eine Familie zu gründen. Mahlert bedauert das: „Dabei war er ein ansehnlicher Typ."

Rosa Legatis

So geht's zum Holle-Denkmal:

Das Holle-Denkmal befindet sich auf dem Suerser Berg in Gehrden – vom Robert-Koch-Klinikum führt der Weg über die Von-Reden-Straße in einem 20-minütigen Spaziergang dort hin.

21

Von-Alten-Mausoleum

Wenn zwei Meister Hand anlegen

Roter Backstein blitzt zwischen dem dichten Grün, das das Gut Sundern am Rande des Hemminger Stadtteils Arnum umgibt. Nach wenigen Metern öffnet sich das Blattwerk und eine schmale Allee gibt den Blick frei auf eine filigrane Backsteinruine. Es sind die wenigen Reste eines Mausoleums für den Grafen Carl von Alten (1764-1840).

„Erbaut wurde es vor mehr als 170 Jahren. Für lange Zeit war das die Ruhestätte des Generals und späteren Kriegs- und Außenministers vom Königreich Hannover – er ist unser berühmtester Bürger", erzählt Dirk Jüchter, Vorsitzender des Fördervereins Mausoleum Graf Carl von Alten e. V. Hemmingen. Dieser Verein sorgte vor einigen Jahren dafür, dass die einstige letzte Ruhestätte des Grafen nicht vollständig verfiel. „Von Alten wollte unbedingt hier beerdigt werden. Er war einfach gern auf dem Familiengut in Wilkenburg und hat den Platz für sein Mausoleum selbst ausgesucht."

Heute ist wieder zu erahnen, was für ein besonderer Bau das Mausoleum und wie ausgesucht der Standort dafür war. Und es wird nachvollziehbar, dass sich Carl von Alten in Hemmingen ganz in der Nähe seiner gewünschten letzten Ruhestätte möglicherweise Entspannung und Frieden nach seinem vielseitigen, aber auch harten Leben als Soldat und Politiker erhoffte.

Er wurde als neuntes Kind in Hannover geboren und verlor als Dreijähriger seine Mutter. Schon früh war seine militärische Laufbahn festgelegt, denn als jüngerer Sohn hatte er keine große Erbschaft zu erwarten. Sein Lebensunterhalt musste anderweitig gesichert werden. Zum Beispiel durch die Armee. Deshalb kam Carl bereits als Zwölfjähriger in eine Pagenschule (eine Kadettenschule) in der heutigen Landeshauptstadt Niedersachsens. Kaum erwachsen, wurde der junge Mann mit 21 Jahren zum Leutnant ernannt und fiel offenbar besonders durch sein strategisches Denken auf. Diese Fähigkeit bescherte ihm

Heute ist von den vier mit filigranen Verzierungen versehenen Ecktürmen nur noch einer erhalten.

eine große Karriere. Er studierte neben militärischen Wissenschaften übrigens auch Philosophie, Geschichte und Sprachen.

Als Napoleon 1803 das Kurfürstentum Hannover – erst elf Jahre später (1814) sollte es zum Königreich erhoben werden – besetzte und das Heer auflöste, sammelte von Alten die versprengten Truppen und organisierte für seine Soldaten eine Überfahrt nach England. Es folgten zahlreiche Einsätze und schließlich am 18. Juni 1815 die legendäre Schlacht von Waterloo (siehe Geheimnis 20). Dabei kämpfte eine Allianz englischer, preußischer, österreichischer und russischer Truppen zusammen mit den Hannoveranern gegen Napoleon, der seine einstige Machtfülle über Europa zurückgewinnen wollte.

„Für lange Zeit war das die Ruhestätte des Generals und späteren Kriegs- und Außenministers vom Königreich Hannover – er ist unser berühmtester Bürger.“

Carl von Alten befehligte eine Division britischer und hannoverscher Soldaten. Sie kämpften an einer entscheidenden Gefechtslinie zwischen den Engländern und Napoleons Armee und hielten einen strategisch wichtigen Hof so lange, bis mit dem preußischen Feldmarschall Gebhard Leberecht von Blücher (1742-1819) die dringend benötigte Verstärkung kam. Damit drehte sich die fast verloren geglaubte Schlacht. Es war auch von Altens Verdienst, dass Napoleon am Ende besiegt werden konnte. Zum Dank wurde der Hannoveraner zum General befördert und in den Grafenstand erhoben. Trotz aller Belobigungen vermutet Dirk Jüchter für ihn persönlich tragische Folgen: „Von Alten trug in Waterloo eine schwere Verwundung davon. Diese könnte der Grund dafür gewesen sein, dass er keine Nachkommen hatte.“

Danach begann für den Grafen die sesshaftere Zeit seines Lebens. Er kam zurück nach Hannover, kaufte sich ein Haus und verbrachte vor allem im Sommer viel Zeit auf dem Familiensitz in Wilkenburg bei Hemmingen. Aber erst nach dem Tod seines Bruders Franz von Alten im Jahr 1823 ging das Gut und damit auch die Leitung des Anwesens an Carl über.

Schon ein paar Jahre zuvor hatte der Veteran allerdings dafür gesorgt, dass ein Verwalter die Geschäfte in Wilkenburg führte. Sein

Bruder hatte offenbar kein glückliches Händchen gehabt: Unter seiner Führung geriet der Betrieb in wirtschaftliche Schwierigkeiten. Deshalb mussten Ländereien und ein Stadthaus der Familie verkauft werden.

In den nächsten Jahren wurden von Alten in Hannover für seinen militärischen Einsatz große Ehren zuteil. So wurde im Gedenken an die Schlacht von Waterloo von dem damaligen Stararchitekten Georg Ludwig Friedrich Laves (1788-1864) auf dem Waterlooplatz eine Säule erbaut und am Jahrestag der Schlacht im Juni 1832 eingeweiht. Bei dem Festakt stand der Graf im Mittelpunkt der Feierlichkeiten. Auch international wurde er für seine Leistungen anerkannt, so zeichneten ihn Großbritannien, Österreich, Russland, Preußen, Portugal, Frankreich und die Niederlande mit Orden aus.

Von 1837 an führte von Alten das Kriegsministerium des Königreichs Hannover und beschäftigte sich mit der Reformierung des Heereswesens.

Zwei Jahre später realisierte er einen langgehegten Wunsch und fuhr nach Rom. „Dies sollte seine letzte Reise sein", berichtet der Vorsitzende des Fördervereins. „Auf dem Rückweg erlitt der mittlerweile 75-Jährige einen Schlaganfall und starb wenige Tage später am 20. April 1840." Von Alten war auf dieser Reise von seinem Neffen begleitet worden. Der brachte ihn nun zurück nach Hemmingen.

Eine Vielzahl der Ziegelsteine hat der Baumeister Conrad Wilhelm Hase in Handarbeit erschaffen, wie Dirk Jüchter erzählt.

„Der Graf soll ein liebenswürdiger Mann gewesen sein, auch wenn er am Ende geistig nicht mehr ganz so fit gewesen ist", erzählt Jüchter, während er den Blick über die Ruine des Mausoleums schweifen lässt. Von Alten hatte sich für seine letzte Ruhestätte einen verlandeten Leinearm in der Nähe des Familiengutes ausgesucht. Wie auch die Gedenksäule auf dem Waterlooplatz entwarf der Architekt Georg Ludwig Friedrich Laves die Familien-Grabkapelle. „Doch er überließ die Fertigstellung dem zu der Zeit noch jungen Architekten Conrad Wilhelm Hase (1818-1902). Und der ließ dabei besonders viel Liebe und Sorgfalt walten. Er hat die Backsteine zum Teil selbst geformt", weiß Dirk Jüchter. „Unser Mausoleum war sozusagen der Beginn des neugotischen Baustils von Hase, dieser findet sich beispielsweise auch in der Hamburger Speicherstadt wieder. Außerdem ist es das einzige Bauwerk, an dem *beide* Meister gearbeitet haben." Rund zwei Jahre nach dem Tod von Carl von Alten war das Grabmal 1842 fertiggestellt. Der junge Architekt Hase schuf weitere markante Bauwerke in Hannover, so das Künstlerhaus in der Innenstadt sowie die Christuskirche am Klagesmarkt in der hannoverschen Nordstadt.

Carl von Alten hat seine letzte Ruhestätte mittlerweile längst in der hannoverschen Neustädter Hof- und Stadtkirche gefunden. Dennoch wäre er sicherlich froh, dass der Verfall seiner Familien-Grabkapelle aufgehalten wurde.

Rosa Legatis

So geht's zum Von-Alten-Mausoleum:

Das Mausoleum liegt am Rande des Hemminger Stadtteils Wilkenburg. Von der Straße Im Sundern geht ein Landwirtschaftspfad ab. An der Weggabelung führt der Weg rechts zur Familien-Grabkapelle.

Bereits im ersten Jahrtausend vor Christus lebten im heutigen Neubaugebiet von Hiddestorf Menschen.

22

Frühneuzeitliche Siedlung

Eine wirklich beliebte Wohngegend

Das Neubaugebiet von Hiddestorf. Seine Bewohner gehen wahrscheinlich davon aus, dass sie die Ersten sind, die hier leben. Aber weit gefehlt: „Wir haben an dieser Stelle Spuren von einer seit vielen Jahrhunderten verschwundenen Siedlung gefunden", erzählt Ute Bartelt. Die Archäologin arbeitet bei der Unteren Denkmalschutzbehörde der Region Hannover. Die Spuren, von denen sie spricht, sind sogenannte „Befunde". Darunter verstehen die Altertumsexperten nicht etwa Gegenstände, die sie in der Erde entdecken und die auf früheres Leben schließen lassen – das sind *Funde* –, sondern ein Befund ist für sie eine Veränderung im Boden, die zum Beispiel weit zurückliegender Siedlungsbau hervorgerufen hat. In Hiddestorf kamen solche Spuren zum Vorschein, als für das Neubaugebiet die oberste Erdschicht abgezogen wurde. „Diese Reste von längst verfallenen Häusern waren bis dahin von einer Humusschicht geschützt.

Mithilfe der Funde, wie Keramikscherben, können wir bestimmen, zu welcher Zeit hier schon Menschen gelebt haben."

Heute wissen Ute Bartelt und ihre Kollegen, dass die ersten Bewohner bereits in der sogenannten vorrömischen Eisenzeit, also in der Mitte des 1. Jahrtausends vor Christus, im Gebiet von Hiddestorf siedelten. Unklar ist jedoch, wie viele es waren. Dafür reichen die bislang gewonnenen Informationen nicht aus. „Vermutlich lebten die Menschen damals in bäuerlichen Gemeinschaften in Langhäusern zusammen. Und die waren umgeben von kleineren Nebengebäuden, dort wurde gearbeitet."

Die Archäologin Ute Bartelt geht im heutigen Neubaugebiet auf Spurensuche in die Vergangenheit von Hiddestorf und der Region Hannover.

Weitere Spuren solcher Gehöfte entdeckte die Archäologin im zweiten Abschnitt des Neubaugebietes. Diese waren offenbar unregelmäßig über das Gelände verteilt. „Erst mit der Zeit und nach einer Ausgrabung bei Gehrden haben wir verstanden, dass sich das Siedlungswesen in den Jahrhunderten grundlegend verändert haben muss – und zwar weg von einzelnen Hofstellen hin zu einem Dorf", erzählt Bartelt. Außerdem verlief hier der „Hellweg". Dieser alte Fernverkehrsweg, der vom Rheinland an die Elbe führte, passierte auf seiner nördlichen Trasse unter anderem das heutige Hiddestorf. Ute Bartelt ist sich sicher: Diese Wegeverbindung ist sehr alt, „älter als es die Schriftquellen nahelegen. Über diese Route wurden nicht nur Waren transportiert, sondern auch Wissen, Innovationen und Ideen verbreitet".

Bislang hat die Archäologin Funde sichergestellt, die beweisen: In Hiddestorf haben mindestens bis ins 6. Jahrhundert, also über einen Zeitraum von ungefähr Tausend Jahren, Menschen gelebt. „Und das Siedlungsareal ging über die Grenzen des Neubaugebiets hinaus weiter. Aber derzeit wird diese Fläche landwirtschaftlich genutzt." Solange dort keine neuen Wohnhäuser entstehen, bleiben mögliche Spuren früherer Bewohner unter der Erdoberfläche erhalten und geschützt.

Wer die damaligen Einwohner von Hiddestorf gewesen sind, kann Ute Bartelt nicht sagen, aber: „Die Bezeichnung *Germanen* wurde von den Römern geprägt und galt für alle Menschen, die östlich vom Rhein wohnten. Uns ist allerdings nicht bekannt, wie die Menschen hier sich selber nannten." Die Archäologin weiß jedoch, dass die Menschen in der Gegend von Hiddestorf nicht in einer festgefügten Hierarchie lebten, wie etwa bei den Römern, und sie berichtet schmunzelnd: „Es gab keine Könige, die kamen erst später. Aber es gab offensichtlich Gefolgschaften, das heißt, die Menschen folgten jeweils dem, der zum Beispiel bei Auseinandersetzungen die größte Aussicht auf Erfolg und somit Beute versprach. Die Römer konnten ihnen ihren Way of Life nicht einfach überstülpen. Deshalb scheiterten sie hier."

„Wir haben an dieser Stelle Spuren von einer seit vielen Jahrhunderten verschwundenen Siedlung gefunden."

Und die Einwohner damals waren klug. Davon zeugen die mehr als 80 Brunnen, die sie im Laufe der Zeit bauten. Bis zu zwei Meter tief mussten sie dafür graben. Dadurch gelangten sie an das Grundwasser, das war gefiltert und damit viel sauberer als das Wasser des alten Leinezuflusses, der heute Arnumer Landwehr heißt.

Die frühen Hiddestorfer wussten also schon vor über 2.500 Jahren, was sie an ihrem Wohnort hatten. Glaubt zumindest die Archäologin Ute Bartelt und findet deshalb den von der Wohnungsbaugesellschaft gewählten Slogan für das Neubaugebiet nach wie vor sehr gelungen: „Hier will ich wohnen."

Rosa Legatis

So geht's zur frühneuzeitlichen Siedlung:

Direkt nach dem Ortsschild Hiddestorf geht rechts von der Hauptstraße die Straße Wiesenweg ab, von dort aus sind es nur noch wenige Meter bis zum Neubaugebiet auf der linken Seite, das auf dem Boden errichtet wurde, auf dem sich einst eine frühneuzeitliche Siedlung befand.

Gerd Jaeger kennt die Stelle, wo früher der Festplatz des Provinzialgutes Lohne war.

23

Festplatz-Hainbuchen

Das Paradies

Die Schuhe sind sofort versaut. Eigene Dummheit: Gerd Jaeger hatte vorher gewarnt, vor Mücken und Matsch. Deswegen liegen ja die Gummistiefel im Kofferraum. Sie liegen da trocken und warm. Schlicht vergessen, sie anzuziehen. Das Leder der Schuhe saugt sich rasend schnell voll.

Doch das ist bald völlig egal. Denn die Gegend ist so atemberaubend schön, dass man alles andere ganz schnell vergisst. Man sieht: Büsche, Bäume, Blüten, Kräuter, grün gefiltertes Licht. Man hört: Vogelstimmen, sonst nichts. Na gut, irgendwo grummelt die Autobahn. Soll sie. Man spürt: Frieden. Ein verwunschener Ort. Mitten in Deutschland, in der Gemeinde Isernhagen, Ortsteil Neuwarmbüchen, auf dem ehemaligen Gelände des Provinzialgutes Lohne. Ein Naturparadies. Dass es so was überhaupt noch gibt.

Gerd Jaeger sagt, er gehe mal voraus. Das tut er in manchen Dingen. Er engagiert sich seit Jahren im Ortsrat und ist Initiator des Projekts „Historisches Neuwarmbüchen“ mit eigenen Webseiten auf der Internetseite der Gemeinde. In diesem Fall geht Jaeger auf dem Waldweg voraus. Bis eine teichgroße Wasserlache alles versperrt. Es hat halt viel geregnet in den letzten Tagen. Macht nichts, wir gehen ein Stück zurück und biegen dann ab. Der Weg ist – wenn man ihn kennt – eigentlich ohnehin völlig einfach: Von der Straße aus ins Grüne, dann einmal im Kreis. Erst wollten wir rechtsrum gehen, jetzt gehen wir eben linksrum.

„Hier war der Festplatz des Provinzialgutes.“

Nach einer kleinen Weile voller Mückenverscheuchen und Pfützenumrunden und Dornenwegschieben und Füße-aus-dem-Matsch-ziehen deutet Gerd Jaeger nach rechts. „Bitte schön. Hier war der frühere Festplatz des Provinzialgutes.“ Tja. Wenn man was sehen könnte. „Sehen Sie die Bäume?“, fragt Jaeger. Sicher. Fast nichts anderes als Bäume. „Die da“, sagt Jaeger und deutet mit dem Finger drauf. „Die, die in einer Reihe stehen.“ Und tatsächlich. Da stehen seltsame Bäume. Sozusagen militärisch korrekt ausgerichtet. Vier Stück sind zu erkennen, ein fünfter weiter links, und dazwischen wäre ein Platz, wenn er nicht völlig überwuchert wäre. Rundherum wachsen Rotbuchen und scheinen völlig normal zu sein. Die in Reih und Glied sind Hainbuchen, und sie sehen aus wie Hexen im Landeanflug, mit wild nach allen Seiten abstehenden langen Haaren. Beziehungsweise Ästen. Man hat ihnen mutmaßlich immer die Kronen beschnitten und dann plötzlich damit aufgehört, und die Äste sind in den Himmel geschossen. Wahrscheinlich sei das passiert, als das Gut aufgegeben wurde, sagt Jaeger. Vorher hätten die Hainbuchen am Festplatz quasi Spalier gestanden.

Das Paradies haben die gelegentlichen Spaziergänger, die Hundebesitzer und Jogger, die hier ab und zu anzutreffen sind, zweierlei zu verdanken: den leeren Kassen der öffentlichen Hand und der Autobahn, der A 7 von Hamburg nach Kassel. Die Historie dazu hat Ingrid Rexrodt für die Neuwarmbüchener aufgeschrieben, das ist die Urenkelin des früheren Gutsverwalters Gerhard Hoyermann und die Frau des verstorbenen früheren Bundeswirtschaftsministers Günter Rexrodt (1941-2004).

Als alles anfing, gab es ein Gut mit Namen Sundergut, 1318 erstmals urkundlich erwähnt. Nach wechselnden Besitzern und ebenso wechselvoller Geschichte wird das Anwesen 1807 geteilt. Der Käufer des späteren Provinzialgutes kauft auch das Herrenhaus des anderen Gutsteils, lässt es abtragen und bei sich wieder aufbauen. 1846 schließlich erwirbt die Provinzialverwaltung zu Hannover diesen Gutsteil, um den Obst-anbau aus den Herrenhäuser Gärten ins Isernhagener Land zu verlegen. Das Konzept ist sehr erfolgreich. Große Mengen an Obst und Gemüse werden in die Hauptstadt transportiert, per Pferdefuhrwerk, dann per Straßenbahn, die 1901 den Betrieb aufnimmt. Leiter des Gutes ist ein gewisser Georg Tatter (1857-1924), der später indirekt zweifelhafte Berühmtheit erlangt, denn er hat mit seinem Hausmädchen Anna Meyenberg zwei Kinder, bekennt sich aber nicht zu ihr. Sie verlässt ihn und schreibt einen Roman: „Von Stufe zu Stufe – Die Geschichte einer Frau". Das Buch ist damals gern gelesen worden und heute noch antiquarisch erhältlich.

Jetzt regiert überall die wuchernde Natur.

In späteren Jahren kommt eine Außenstelle der Heil- und Pflegeanstalt Langenhagen (das ist das heutige Landeskrankenhaus) auf dem Provinzialgut unter, im Zweiten Weltkrieg wird es ein Heim für die Hitlerjugend. Nach dem Krieg arbeiten und wohnen körperlich und geistig behinderte Menschen aus dem Landeskrankenhaus Wunstorf auf dem Gut.

Dann kündigt sich das Paradies an: Anfang der 70er-Jahre müsste massiv in das Gut investiert werden, um Bausubstanz und Betrieb zu erhalten und zu erneuern, gleichzeitig braucht das Land Niedersachsen Ausgleichsflächen für den Autobahnbau. Es fällt eine Entscheidung: Ende der Bewirtschaftung. Abriss. Naturwald.

Irgendwo stecken heute noch Fundamentreste im Boden, aber verborgen. Gerd Jaeger trifft beim Spazierengehen ab und zu auf Stellen, die man als illegale Bauschuttentsorgung werten würde, wenn man nicht wüsste, was hier mal gewesen ist. An einem See bleibt Jaeger stehen und deutet hinter sich. „Da, die Trauerweide. Dahinter stand das Herrenhaus. Davon ist auch nichts mehr da."

Aber die Trauerweide ist da. Ausladend, majestätisch und wunderschön.

Bert Strebe

So geht's zu den Festplatz-Hainbuchen:

Ausgangspunkt ist die Stelle, an der die Straßen Landesgut Lohne und Am Wienkamp zusammentreffen und zu einer Straße werden. Man folgt ihr ein Stückchen, bis rechts ein grünes Schild „Waldweg" auftaucht, mit einer Holzschranke quer über den Weg, die man rechts umgehen kann. Man geht in den Wald hinein, bis nach 150 Metern ein Abzweig nach links zu sehen ist. Dem Weg links folgen, nach etwa 30 Metern stehen rechter Hand die Hainbuchen im Dickicht.

24

Erbgrab

„Ordinaire“ und andere Leichen

Man kommt die Dorfstraße in Isernhagen hoch, Richtung Autobahn 7. Höfe, Häuser, Restaurants, und selbst an dieser Hauptverkehrsstraße kann Isernhagen nicht verbergen, dass es die wohlhabendste Gemeinde Niedersachsens ist. Doch vielleicht will Isernhagen das auch gar nicht verbergen. Und plötzlich steht sie da. Groß, weiß. Sie wirkt nicht wohlhabend, überhaupt nicht. Aber imposant – und freundlich. Einladend. Es ist die St. Marien-Kirche zu Isernhagen K.B. „K.B.“ steht für „Kircher Bauerschaft“. Das ist ein Ortsteil. Ein nicht unwesentlicher.

Der Ort Isernhagen stammt aus dem 13. Jahrhundert, und 1322 ist erstmals ein „Yserhaghe“ urkundlich erwähnt worden. St. Marien wurde um 1450 gebaut, jedenfalls Kirchenschiff und Chor, der Turm kam um 1500 dazu. Die kleine Taufkapelle im Norden, ursprünglich Sakristei, wurde noch etwas später errichtet.

Und vor der Kirche steht etwas, das aussieht wie eine Mischung aus Gartenhäuschen und Mini-Mausoleum. Irgendwie alt, aus seltsamen, rotbraunen, porösen Steinen gemauert. Am Riegel der schlichten Holztür baumelt ein Vorhängeschloss von der Art, mit der man Rasenmäher vor unbefugtem Zugriff schützt. Über der Tür prangt ein Wappen und darüber ein steinernes Kreuz.

Sebastian Heim nickt. Weil beide Assoziationen stimmen. Mausoleum und Gartenhäuschen. Das Häuschen stammt aus dem 18. Jahrhundert. „Das ist die Grabstätte der Familie des Johann Friedrich von Hattorf“, sagt Heim. „Er war Oberst im 9. Kavallerieregiment, gestorben 1789. Er hat hier lange gelebt, sein Regiment war hier, also wollte er auch hier beerdigt werden.“ Sebastian Heim lächelt ein bisschen verschmitzt. „Passt ja auch: Wir sind doch so ein Pferdedorf.“

Moment: Grabstätte? Mit Rasenmähervorhängeschloss? „*War* eine Grabstätte“, ergänzt Heim. Wahrscheinlich sei das kleine Gebäude Mitte des 19. Jahrhunderts genauso wie der restliche Kirchhof, auf dem

Sebastian Heim kennt die Geschichte des Erbgrabs.

Dorfkirche mit Gartenhäuschenmausoleum: St. Marien in Isernhagen.

seinerzeit die Toten rund um St. Marien bestattet gewesen waren, entwidmet worden. „Jedenfalls: Es sind keine Gebeine mehr drin, und wo sie abgeblieben sind, weiß auch niemand." Heute lagern hinter der Holztür die Utensilien für den Weihnachtsmarkt. Und ein paar Gartengeräte. Aber das Gebäude selbst und das Wappen werden noch gepflegt.

Sebastian Heim sagt „wir", wenn er von Isernhagen und der St.-Marien-Kirche spricht. Dabei lebt und arbeitet er in Hannover. Doch er stammt aus Isernhagen, ist der Gemeinde immer verbunden geblieben und seit Jahren Mitglied des Kirchenvorstands. Er hat sogar eine Broschüre über die Geschichte von St. Marien verfasst. Und deswegen weiß Heim auch, dass die Hattorf'sche Grabstätte nicht bloß eine Familien- oder Dorf-, sondern auch eine Gerichtsgeschichte ist.

Der Oberst hatte drei Begräbnisplätze – den Raum, den das Häuschen einnimmt – von der Kirche „auf ewige Zeiten" gekauft, daher die Bezeichnung „Erbgrab". Für sich, seine Frau Eleonora von Hattorf, geborene von Danckwerth, und einen Freund, den Leutnant Carl Gottlob von Walthausen. Über den Inhalt des entsprechenden Vertrags wurde man sich am 22. Dezember 1788 einig. Unterzeichnet war er noch nicht, als von Hattorf ein knappes halbes Jahr später starb, die Unterschrift leistete dann seine Witwe. Aber da gab es schon böses Blut im Dorf.

Isernhagen besteht im Kern aus der Niedernhägener, der Kircher, der Farster und der Hohenhorster Bauerschaft, abgekürzt N.B., K.B., F.B. und H.B. Jede Bauerschaft hatte einen Bauermeister. Das waren die jeweiligen Oberbauern, also in etwa Bürgermeister. Diese vier Bauermeister von Isernhagen nun hatten damals Einspruch gegen den Vertrag erhoben. Hatten sich beim Amtsvogt in Burgwedel beschwert – obwohl die Familie 1000 Taler an die Gemeinde gezahlt hatte. Sie gaben zu Protokoll, da solle der Platz „auf 16 Fuss lang und breit ausgemauert werden", was ihnen unnötig groß erscheine. In den historischen Papieren heißt es: „Ein Platz von solcher Breite, auf dem 12 ordinaire Leichen begraben werden könnten, beschränke nun den Kirchhoff gar zu sehr, alß das sie still dazu schweigen könnten."

Schwierige Zeiten für Witwen. Doch der Vogt wies die Eingabe der Bauermeister ab. Womit die Sache nicht ausgestanden war: Die Bauernoberen gingen in Berufung und klagten schließlich vor dem Königlichen Appellationsgericht in Celle. Das erklärte das Ansinnen der Bauermeister dann 1790 endgültig per Dekret für unrechtmäßig und genehmigte den Vertrag.

„Es sind keine Gebeine mehr drin."

Und so steht heute die kleine Grabstätte auf dem Kirchhof. Nur eben, dass im Erbgrab keine Leichen mehr beerdigt sind, weder hochwohlgeborene noch „ordinaire". Dafür war es über Jahrzehnte Lagerstätte von so nützlichen Dingen wie Brennholz und birgt heute das eine oder andere praktische Gerät.

Und wieso sehen die Mauersteine so komisch aus? So rotbraun? „Rost", sagt Sebastian Heim. „Das ist Raseneisenstein. Da ist Eisen drin. Eisen rostet." Er schaut zum Kirchturm hoch. „Die Kirche ist auch daraus gemauert, mit Ausnahme der Ecken und Kanten, die aus Sandstein bestehen. Sie ist bloß verputzt, deswegen sieht man das nicht."

Bert Strebe

So geht's zum Erbgrab:

Die St. Marien-Kirche Isernhagen ist unter der Adresse Dorfstraße 71 zu finden. Das Hattorf'sche Erbgrab steht auf der Westseite des Turms.

Kopfweiden

Ein richtiger Platz zum Wohlfühlen

Einst erstreckten sich Auwälder dort, wo heute das Naturschutzgebiet Alte Leine im Laatzener Ortsteil Grasdorf liegt. Nur die bizarr anmutenden Kopfweiden, aus deren verdickten Stämmen sehr schlanke Äste wachsen, verraten etwas von der wechselvollen Geschichte dieser Landschaft. „Sie ist geprägt von eiszeitlichen und nacheiszeitlichen Abtragungen sowie Überflutungen durch Hochwasser", erklärt Helga Schröder vom Naturschutzbund (NABU) Laatzen. „Dadurch sammelte sich hier Auelehm. Dieser wurde Anfang des 20. Jahrhunderts für die Ziegelproduktion in Laatzen und Hannover immer wichtiger."

Die bis dahin so bestimmenden Auwälder mussten für den Lehm weichen. „Der Abbau war jedoch ein Saisongeschäft. Deshalb benötigten die Arbeiter für den Winter eine weitere Verdienstmöglichkeit." Da boten sich die Weiden an. Die Menschen nutzten deren Ruten, um Körbe zu flechten, Fischreusen oder Möbel herzustellen. So sicherten viele Einwohner Laatzens ihren Lebensunterhalt. Dafür „beschneitelten" (beschnitten) sie die Bäume am Ufer der Leine und veränderten auf diese Weise im Lauf der Jahre ihr Aussehen. Die Schnittstellen verdicken, aus diesen wachsen zahlreiche dünne Äste, die sich verarbeiten lassen. „Die Korbflechterei ist gar nicht so einfach, wie wir festgestellt haben", erklärt Helga Schröder. „Die Zweige sind sehr brüchig, auch wenn man sie vorher einweicht."

Bis zum Ende des Zweiten Weltkriegs wurde auf dem heutigen Naturschutzgebiet Lehm abgebaut, und so lange lebten die Arbeiter auch von den Produkten, die sie aus den Ruten der Bäume mit den knubbeligen Köpfen fertigten. Bis heute sind die Weiden jedoch auch auf eine andere Art Lebensspender. „So ein Kopf hat ganz viele Höhlen und Mulden, die durch die Beschneidung entstehen. Zahlreiche Tiere brauchen sie – als Schutz, als Lebensraum", weiß die NABU-Mitarbeiterin. „Das Regenwasser weicht das Holz auf, das dichte Laubwerk

Seit Mitte der 1980er-Jahre engagiert sich Helga Schröder für den Naturschutz in der Leinemarsch.

Schon früh haben Menschen Weiden für sich als Bau- und Flechtmaterial entdeckt, erste Belege stammen aus der Jungsteinzeit.

macht ein bequemes Bett daraus. Das ist ein richtiger Platz zum Wohlfühlen für Käfer und andere Kleinsttiere." Auch Früchte wachsen in den Mulden, Johannisbeeren und Holunder beispielsweise. Der Steinkauz hat hier sein Versteck, und Säugetiere wie der Iltis fühlen sich in den Baumköpfen sicher.

Dabei müssen es nicht unbedingt Weiden sein, die durch das wiederholte Entfernen der austreibenden Zweige und Äste dieses typische Aussehen erhalten. Entscheidend für eine Nutzung als Kopfbaum ist, dass er kräftig ausschlägt und schnell wächst. Diese Eigenschaften bieten auch Hainbuche, Esche und Ahorn.

In Laatzen sind es aber vor allem Rötel- und Silber-Weiden, die die südliche Leineaue prägen. „Heute gibt es noch rund 400 Kopfbäume, die im Naturschutzgebiet Alte Leine stehen – und sie sind etwas ganz Besonderes, vor allem wegen ihrer Bedeutung für Mensch und Natur."

Neben den prägnanten Weiden bestimmen Wiesen das Bild im Naturschutzgebiet Alte Leine. Es ist ein gutes Jagdrevier und damit ein perfekter Brutplatz beispielsweise von Störchen. Fast alle in der Leine-Aue aufgestellten Nisthilfen für den Storch sind angenommen worden.

Damit ist die Geschichte der Leine-Aue, in die der Mensch vor etwas über hundert Jahren so massiv eingegriffen hatte, um ein erfreuliches und ansehnliches Kapitel reicher geworden.

Rosa Legatis

So geht's zu den Kopfweiden:

Direkt vor dem NABU Naturschutzzentrum „Alte Feuerwache" führt eine kleine Brücke in das Naturschutzgebiet. Hier links dem Weg folgen und ein paar Minuten gehen. Dann kommt man zu den ersten Kopfweiden.

Stark und fest verwurzelt in der Region sind die Delmer Eichen – so wie die Bewohner des versunkenen Orts Delm.

26

Delmer Eichen

Bürgermeister ohne Rathaus

Hoch und fest verwurzelt erheben sich mehrere Eichen am Ortsrand von Ingeln-Oesselse in der Gemeinde Laatzen. Gut, starke Bäume sind in diesen Breiten nicht unbedingt etwas Besonderes. Aber diese tragen einen Namen: Delmer Eichen. Und dahinter verbirgt sich eine Geschichte. Genau wie mit den Eichen verhält es sich nämlich mit ihren Namensgebern, den Delmern. Auch sie sind fest verwurzelt. Zumindest in ihrem lokalen Selbstverständnis. Einst lag dort, wo heute die Bäume stehen, ihr Dorf. Doch heute ist davon nichts mehr übrig. „Leider konnten wir letztendlich nicht herausfinden, warum Delm untergegangen ist. Vor allem mein Bruder hat sich viel Mühe gegeben, die Geschichte unseres Dorfes aufzuklären, aber er hat wenig erreicht", erzählt Heinrich

Ebeling, der Bürgermeister des verschwundenen Dorfes. Denn den Bürgermeister gibt es noch – ordnungsgemäß wird er alle sechs Jahre von den verbliebenen Gemeindemitgliedern gewählt. Ja, auch wenn es kein Dorf, kein Rathaus und keine Kirche mehr gibt. „Heute leben wir 14 Mitglieder rund um das frühere Delm. Das Stimmrecht wird vererbt. Genauso wie die Gemeinde-Mitgliedschaft – oder es wird eingeheiratet", schmunzelt Ebeling. Die Tradition erhalten, vor allem darum geht es den Delmern. Deshalb müssen Neumitglieder bis heute nach dem plattdeutschen Trinkspruch „Preost und Gesundheit der ganzen Delmschen Gemeinde und iusen neen Bürger eok" bei ihrer Aufnahme in das imaginäre Dorf ein volles Weinglas mit Korn trinken. Heinrich Ebeling verweist auf eine erfolgreiche Bilanz: „Bislang hat das jeder geschafft. Wobei wir ein einziges Mal eine Ausnahme gemacht haben, das Mitglied trank keinen Alkohol."

Soweit heute bekannt ist, verließen die Einwohner ihr Dorf offenbar um 1520. Zu der Zeit brachte die Stiftsfehde, eine kriegerische Auseinandersetzung zwischen dem Bischof von Hildesheim und den Welfen, den Menschen in der Region Tod und Verwüstung. „Es könnte aber auch sein, dass das Ende von Delm im Dreißigjährigen Krieg (1618–1648) kam", berichtet der Bürgermeister.

Einmal im Jahr – immer am Faschingsdienstag – ist Hauptversammlung des eingetragenen Realverbandes Gemeinde Delm. Dann kommen alle Mitglieder zusammen, erinnern sich an alte Zeiten, wählen den Vorstand und planen gemeinsame Reisen. Und im Sommer gibt es eine festliche Kaffeetafel direkt unter den Delmer Eichen. „Einen genauen Termin legen wir dafür aber noch nicht fest. Wir müssen schließlich das Wetter berücksichtigen. Es wäre doch schade, wenn der Kuchen unserer Damen vom Regen durchweicht würde", meint Ebeling. Zur Gemeinde gehören nach wie vor drei Hektar Land. Die sind an Mitglieder verpachtet. Schon im Mittelalter nutzten die Dorfbewohner solche Flächen gemeinsam. „Und unsere Bürger wissen auch heute, was sie zu tun haben. Wir sind alle Landwirte." Die Pachteinnahmen nutzen die

„Das Stimmrecht wird vererbt. Genauso wie die Gemeinde-Mitgliedschaft – oder es wird eingeheiratet."

Delmer für Ausflüge. So waren sie schon auf dem Landgestüt Hunsrück, besuchten ein ehemaliges Mitglied in Mecklenburg-Vorpommern und ein Forstamt in der Heide.

Für Heinrich Ebeling ist klar: Delm wird durch die Verbandsmitglieder weiterleben. „Mein Sohn ist schon dabei und meine Enkel interessieren sich selbstverständlich auch für unsere Geschichte. Um Nachwuchs müssen wir uns keine Sorgen machen." Für Delms Bürgermeister ist das besonders wichtig. 2020, wenn er 80 Jahre wird, will er nicht mehr zur Wahl antreten. Dann braucht Delm einen neuen Ortsvorsteher. Aber bis dahin vergeht noch viel Zeit. „Wir finden schon einen Bürgermeister", ist sich Ebeling sicher. Die fest verwurzelten Eichen werden die Geschichte des verschwundenen Dorfes ohnehin wachhalten. Und diese Bäume, sie können so manche bürgermeisterliche Amtszeit überdauern.

Heinrich Ebeling ist seit vielen Jahren mit ganzem Herzen Bürgermeister von Delm – ohne Rathaus, Kirche und Ort.

Rosa Legatis

So geht's zu den Delmer Eichen:

In Ingeln-Oesselse der Hauptstraße folgen, bis rechts der Pfingstangerweg abzweigt. Diese Straße geht über in einen Feldweg und führt nach einigen Hundert Metern direkt bis zu den Delmer Eichen.

Am Brunnen vor dem Turme: Rebekka Neander.

27

Brunnen

Verschwundene Insel der Seligen

Rebekka Neander zeigt nach links, nach rechts, während sie die Straße entlanggeht. Spricht von den Dahlkes, den Damaskes, von Horst Krause und seinem Garten und den Fienes mit ihrem Apfelbaum. Von Erika und Dieter Hermann, die nach 39 Jahren ihre Plätze an ihrem Küchentisch räumen mussten. Von Karl Heinz Kemna, 1931 in Schulenburg-Nord geboren, der 2013 noch mal da war, 82 Jahre nach seiner Geburt und zwölf Jahre nach seinem Wegzug, und es ist wunderschön und zum Heulen. Und,

und, und. Während rundherum überhaupt nichts anderes zu sehen ist als grüne Wiese mit hoch stehendem Gras. Und die schnurgerade Straße dazwischen. Bloß vorhin war da der Tower. Und hinten rechts rollt ab und zu ein Flugzeug durchs Bild.

Dann bleibt Rebekka Neander abrupt stehen, geht zwei Schritte zurück. „Hier, ein Rest des Eingangs vom Haus der Dahlkes", sagt sie. Sie hat die Füße halb im Gras. Ein schwarzes Rechteck ragt von der Straße in die Weide hinein. „Ich erkenne das wegen des Weges da", sagt sie. Sie blickt zur Seite und macht die Augen schmal. Und richtig, da führt ein Pfad ein Stück ins Grün hinein, verliert sich aber rasch zwischen den Halmen.

Die Straße, auf der Rebekka Neander, Lokalredakteurin der Hannoverschen Allgemeinen in Langenhagen, steht, heißt Schulenburg-Nord. So hieß auch das Dorf, das hier stand. Die Navigationsgeräte finden die Siedlung immer noch. Sie finden auch das Haus der Dahlkes, Nummer 39. Aber wenn man ankommt, ist kein Haus mehr da. Und kein Dorf. Schulenburg-Nord gibt es nicht mehr.

Der Grund: Die etwa zwei Dutzend Häuser lagen zwischen zwei Landebahnen des Flughafens Langenhagen. Und der Airport will wachsen. Er will keine neuen Bahnen bauen, aber er braucht Gewerbeflächen. Das weiß der Flughafen schon lange, und deswegen hat er es auch ebenso lange geplant, seit 20 Jahren. Hat angefangen, Grund und Boden in Schulenburg-Nord aufzukaufen, ganz langsam. Das war kein Geheimnis. Alle wussten: Irgendwann ist hier Schluss.

Es entwickelte sich schleichend. Erst wollte kaum jemand verkaufen. Hinhaltender Widerstand. Aber irgendwann saß der Schätzer bei dem ersten Bewohner am Tisch. Dann beim nächsten. Manche brauchten Geld, andere wollten die nötigen Investitionen in ihr Haus nicht mehr auf sich nehmen. Die Siedlungsbauten waren alt, da war nicht mehr alles in Schuss. Meist kaufte der Flughafen ein Haus und vermietete das Gebäude dann an die ehemaligen Besitzer. Alles ganz friedlich. Man konnte ja erst mal bleiben.

„Es klingt völlig absurd", sagt Rebekka Neander, „aber das hier war eine Insel der Seligen." Den Fluglärm, erläutert sie, bekämen die Leute woanders ab, im Westen, nach Garbsen rüber. „Hier war es weitgehend still." Und tatsächlich hört man auch jetzt kaum was. Doch, irgendwo steigt offenbar ein Flieger hoch. Aber das Brüllen startender Jets, das klingt anders.

Losgegangen war die Besiedlung in den 20er-Jahren. Da war der Tonabbau in der Gegend zu Ende, die Ziegeleien machten zu. Es war nicht teuer, eine Parzelle nahe an den alten Tonkuhlen in Schulenburg-Nord zu kaufen. Es entstanden neben den Häuschen auch ein Hotel und vier Gaststätten, es gab Tonkuhlen-Badeseen, Ausflügler kamen. Fuhrunternehmen errichteten ihre Zentrale in Schulenburg-Nord, Piloten und Flugpersonal schliefen in den Pensionszimmern. Und sie schliefen gut.

Rebekka Neander hat 2011 ein Zeitungsblog zu Schulenburg-Nord und seinem bevorstehenden Verschwinden gestartet. Hat Geschichten gesammelt und aufgeschrieben, Lebensentwürfe und Lebensumwege, Hausumbauten und Gartenerzählungen, gelungene und weniger gelungene Lieben, abgehauene Kinder und wiedergekommene Enkel und gar nicht erst weggegangene Enkel. „Es gab hier junge Leute, die sagten: Warum soll ich weg? Die erzählt haben, dass die anderen aus der Stadt immer zu ihnen gekommen sind zum Vorglühen vor der Disco. Weil es hier so toll war." Straßenfeste. Nachbarschaft. Zusammenhalt. Jeder kannte jeden. Eine Gemeinschaft. Bis 2012. Dann wurde allen Mietern vom Flughafen gekündigt. Und Ende 2013 war praktisch nichts mehr von dem Dorf da.

„Das hier war eine Insel der Seligen."

Die Redakteurin hat im Blog auch von Kai Riechers erzählt, dem Baggerfahrer, der gar kein Plattmacher sein wollte, aber einer sein musste. Der eines Tages dermaßen erschrocken ist, als er zur Arbeit kam und seinen Bagger schon von Weitem sehen konnte. Weil sonst da nichts mehr stand.

Rebekka Neander kann kaum aufhören zu erzählen, so viele Geschichten hat sie gehört und gespeichert. Von den Leuten, die immer noch herkommen und trauern. Von den Leuten, die nie wieder herkommen wollen, weil sie so sehr trauern. Von dem Paar, das weggegangen ist und dann zu einer Weltreise aufbrechen musste, weil es einfach unerträglich war, das Zuhause aufzugeben. Dann lieber gar kein Zuhause. Erst mal jedenfalls.

Am Eingang zu Ehemals-Schulenburg-Nord gibt es jetzt eine Schranke. Soll keiner reinfahren in das Niemandsland. Noch ein Stückchen vorher, wo die Heidestraße aus Engelbostel einen Knick macht und von da an Schulenburg-Nord heißt, obwohl es das nicht mehr gibt, da steht ein Brunnen. Ein ziegelgemauerter Brunnen, nicht mehr in Betrieb, verschlossen. Er gehörte zum sogenannten Pferdekopfhaus, das die Remise der Villa war, die das Wohnhaus des Geschäftsführers der ersten Ziegelei dort war. Die es schon länger nicht mehr gibt, als es Schulenburg-Nord nicht mehr gibt.

Wiese, Bäume und eine Straße ins Nirgendwo: Hier stand mal ein Dorf.

Ein funktionsloser Brunnen. Steht bloß da. Immer noch. Und das Leben drumherum ist schon zweimal zu Ende gegangen und planiert worden und zugewachsen. Nichts mehr übrig. Bis auf die Erinnerung.

Bert Strebe

So geht's zum Brunnen:

Man folgt der Heidestraße in Engelbostel bis zum Abzweig Schulenburg-Nord in Langenhagen. An der Ecke steht der Brunnen der alten Villa-Remise.

Keine Botschaft und plötzlich sichtbar: Ursula Schöndeling mit einer Karin-Sander-Litfaßsäule.

28

Litfaßsäule

Asketisch: Nichts drauf, nichts dran

Es geht schon damit los, dass das Autokennzeichen das von Hannover ist. Dann ist die Vorwahl die von Hannover. Und der Flughafen hört auch noch auf den Namen Hannover. Dabei liegt er gar nicht in Hannover. Sondern in Langenhagen. Doch Langenhagen wird gar nicht richtig wahrgenommen. Obwohl es eine selbstständige Stadt mit eigenem Profil ist. Mit 52.000 Einwohnern in sechs Stadtteilen. Im Jahr 990 erstmals erwähnt, da hat es noch geschlagene 160 Jahre gedauert, bis die Menschheit von dieser Häuseransammlung namens Hannover überhaupt Kenntnis nehmen konnte.

Aus Langenhagen kam die erste CD. Hier gibt es Bahlsen, Reemtsma, Konica, MTU. Und wer sieht das? Niemand. Langenhagen ist für die halbe Welt bloß ein Wurmfortsatz von Hannover. Und für die Hannoveraner erst recht. Aber die Langenhagener maulen nicht. Sie sind Kummer gewohnt und zäh. In Langenhagen hat man einen langen Atem: Ihr werdet schon sehen. Was werden wir sehen? Kunst, beispielsweise. Ursula Schöndeling geht an der Stelle, an der die Bundesstraße 522 als Ausläufer der Autobahn-2-Abfahrt die Walsroder Straße kreuzt, auf die Litfaßsäule zu und legt die Hand drauf. „Diese Leere", sagt sie, „hat für mich auch mit Freiheit zu tun." Sie schaut an dem weißen Rund hinauf. „Oder sogar mit Entsagung – oder ist das ein zu großes Wort?"

Doppelte Entsagung: An der Walsroder Straße sind auch mal zwei Litfaßsäulen ohne Werbung zu sehen.

Ist es nicht. Eine Litfaßsäule – sonst der Inbegriff des bunten, lauten „Kauf mich"-Geschreis der Warenwelt – hat, wenn nichts drauf und nichts dran ist, tatsächlich eine asketische Anmutung. Und diese Litfaßsäule ist leer. Weiß tapeziert, sonst nichts. Keine Raucher, kein Bier, kein Es-gibt-immer-was-zu-tun. Auch kein Logo, kein Wort, kein Hinweis, von wem das ist und was es soll. Verzicht steckt da drin. Ruhe. Und Überraschung. Die Künstlerin Karin Sander, die in Berlin lebt, hat dieses Projekt geschaffen. Sechs Litfaßsäulen, über die Stadt verteilt, in blankem Weiß. Manche bleiben für länger so, manche sind mal anderweitig beklebt, dann wieder weiß. Seit 1993.

Ursula Schöndeling ist künstlerische Leiterin und Geschäftsführerin des Kunstvereins Langenhagen. (Ja, Hannover hat auch einen Kunstverein, sogar einen guten, aber darum geht es jetzt gerade nicht.) Der Langenhagener Kunstverein widmet sich internationaler, zeitgenössischer Kunst, seine Aktivitäten wurden in Fachkreisen als vorbildlich bezeichnet und erreichten erst überregionale, dann bundesweite und zum Teil internationale Bedeutung. Sechs Mal wurde der Kunstverein für seine Arbeit im Bereich Ausstellungen und Vermittlung für den Preis der Arbeitsgemeinschaft Deutscher Kunstvereine nominiert. Er begleitet Wettbewerbe, organisiert regelmäßig Kunstprojekte im Außenraum und bietet „Spaziergänge zur Kunst“ in Langenhagen an, um der bestehenden Kunst im öffentlichen Raum wieder Aufmerksamkeit zu verschaffen. Mit der Ausstellung „An-Eignungen“ 2012 zum Langenhagener Stadtjubiläum bespielte der Kunstverein öffentliche Orte wie die Kapelle im Eichenpark, Einkaufszentren, Rathaus oder Stadtarchiv und thematisierte die Verhältnisse zur Tradition und Gegenwart im öffentlichen Raum. Ein Grund war auch, die abgerissene Tradition der Kunst im öffentlichen Raum neu zu beleben. Zuletzt hatte der Verein Kulturstiftung Langenhagen zur Expo 2000 eine Ausstellung mit dem Titel „99 Standpunkte“ mit zahlreichen (es wurden allerdings nur 62) Kunstwerken organisiert. In den 1980er-Jahren wurden im Auftrag der Stadt Langenhagen Bildhauersymposien veranstaltet, der Skulpturenpark im und um den Stadtpark Langenhagen wurde aufgebaut. Die Künstler arbeiteten an Ort und Stelle, die Skulpturen entstanden für den Ort, an dem sie zu sehen sein sollten. In den 1990er-Jahren entwickelte Kai Bauer die international besetzte und viel beachtete „Vor Ort“-Reihe mit temporären Kunstwerken, ebenfalls im Auftrag der Stadt. Neu daran war die Auseinandersetzung mit der Frage, was öffentlicher Raum und Öffentlichkeit jeweils bedeuten, wie sich die Auffassung von öffentlichem Raum und seiner Definition wandelt. In dieser Zeit wurden international bekannte und heute renommierte Künstler wie Tobias Hirschorn (Träger des Kurt-Schwitters-Preises) oder Roman Signer und andere gewonnen. In diese Reihe gehört auch Karin Sander mit ihren Litfaßsäulen.

„Diese Leere hat für mich auch mit Freiheit zu tun. Oder sogar mit Entsagung – oder ist das ein zu großes Wort?“

Eine von den Aktionen war ein an den verschiedensten Stellen plakatiertes Foto von Yoko Ono. Die New Yorker Künstlerin zeigte einen nackten Hintern in Schwarz-Weiß, und das Gerücht, es handele sich um ihren eigenen, hielt sich hartnäckig. Moralische Aufregung allerorten – doch warum? Es sei ja nicht um Pornografie gegangen, sagt Ursula Schöndeling, sondern darum, die öffentliche Sicht auf den weiblichen Körper in den Medien zu thematisieren. Also genau um das, was dann auch passierte. Auf der einen Seite wurde gegafft, auf der anderen tobte die Entrüstung.

Ursula Schöndeling spricht von „Eingriffen“ in den öffentlichen Raum. Von Debatte.

Wichtig ist ihr auch, dass es sich bei zeitgemäßen Kunstprojekten mitunter um temporäre Arbeiten handelt – da wird nicht eine Plastik in Auftrag gegeben, bezahlt und in den Boden gerammt, und dann steht sie da und ist nach einem halben Jahr unsichtbar, weil man sie täglich sieht und deswegen gar nicht mehr sieht. Sondern: Die Dinge ändern sich. Die Sichtweisen (wörtlich) ändern sich. Wie sich ja auch das Leben ständig ändert.

Deswegen scheinen auch manche der weißen Litfaßsäulen von Karin Sander heimlich nachts den Standort zu wechseln. Eben noch stand eine an dieser Kreuzung, morgen steht sie an einer anderen. Oder hat nur die Plakatierung gewechselt? Wie auch immer: Das schafft mehr Aufmerksamkeit, als wenn die Säule mit sommerlichen Grillgutfotos beklebt wäre. Als das Werk erstmals präsentiert wurde, hat der Soziologe Harald Welzer geschrieben, die Sander-Litfaßsäulen seien „botschaftslos“. Sie teilten nichts mit und würden „gerade darum wahrgenommen“. Das ist nach wie vor so.

Und der Kunstverein macht natürlich auch weiter und immer wieder mit bemerkenswerten Ausstellungen im öffentlichen Raum auf sich aufmerksam. Inzwischen sollen ab und zu sogar kunstsinnige Menschen aus der großen Stadtschwester nach Langenhagen pilgern.

Bert Strebe

So geht's zur Litfaßsäule:

An der Kreuzung Gosewichstraße/Walsroder Straße (stadtauswärts) befindet sich eine kleine gepflasterte Freifläche mit Bänken. Am Ende dieser Freifläche steht, direkt vor dem B-522-Trog, die weiße Litfaßsäule. Wenn man von dort über die Straße schaut, sieht man (vielleicht) noch eine.

1912.

Wasserturm

Hingucker für das Selbstverständlichste der Welt

Rund 45 Meter hoch ragt direkt an den Bahngleisen in Lehrte ein Turm in den Himmel. Der schöne Bau wurde aus rotem Backstein gemauert, Kopf und Sockel sind weiß gestrichen. Im Innern befindet sich ein eiserner Wassertank mit 250 Kubikmetern Fassungsvermögen. „Bis 2003 war der Wasserturm noch in Betrieb. Er sollte im Fall der Fälle den Wasserdruck in den Leitungen für unseren Ort stabil halten", erzählt Vertriebsleiter Björn Rust. Damit nutzten die Stadtwerke Lehrte den Wasserturm rund 90 Jahre lang. „Anfangs galt jedoch nicht in erster Linie, damit die Bevölkerung mit Trinkwasser zu versorgen, sondern den Verpflichtungen gegenüber der Eisenbahn nachzukommen. Denn diese brauchte das Wasser für die Dampfloks." Deshalb steht der Turm auch so nah an den Gleisen.

Hinter der Geschichte des attraktiven Bauwerks verbirgt sich also *noch eine* Geschichte. Lehrte wäre ohne die Entwicklung der Eisenbahn wohl ein unbedeutendes Dorf geblieben. Mit dem Aufkommen des Schienenverkehrs entwickelte sich der kleine Ort aber seit Mitte des 19. Jahrhunderts zu einem wichtigen Knotenpunkt für Gütertransporte und Personenzüge in alle Richtungen, nach Norden und Süden ebenso wie nach Osten und Westen, hier kreuzten sich Verbindungen von Paris bis Moskau. Die Beziehungen zwischen der Bahn und dem Ort waren also eng und für Lehrte sogar lebenswichtig. Geregelt wurden sie in einem Vertrag, der unter anderem besagte, dass die Lokomotiven der Bahn Wasser aus Lehrte bekämen.

Nach längeren Trockenzeiten war die Wasserversorgung der Bevölkerung im Jahr 1912 allerdings gefährdet. Jahrhundertelang hatten die Menschen in der Region ihr Wasser aus Brunnen und über entsprechende Leitungen bekommen. Jetzt drohten die umliegenden Quellen zu versiegen und damit die Brunnen auszutrocknen. Ein neues Versorgungssystem musste her.

Björn Rust erklärt die Jahreszahl am Wasserturm.

Im Frühjahr 1912 fing alles an, der Stadtrat entschied: Lehrte bekommt einen Wasserturm.

Als die Pläne bekannt wurden, meldete auch die Eisenbahnverwaltung Bedarf an. Jeden Tag und in regelmäßiger Menge sollten die Lehrter 500 Kubikmeter Wasser an die Bahn liefern – als Trinkwasser und für die Kessel der Dampfloks. Damit die Stadt ihre Lieferverpflichtung gegenüber der Bahn erfüllen konnte, mussten die Wasserbauer für genügend Druck sorgen. Und der wurde über einen hochgelegenen Speicher erzeugt, einen Turm. Aus ihm floss das Wasser stets gleichmäßig und ohne teure Pumpanlagen.
Im Oktober des gleichen Jahres sollte der Turmbau abgeschlossen sein. Aber die Arbeiten verzögerten sich. So hielt das Lehrter Stadtblatt noch am 3. Dezember 1912 fest: „Die städtische Wasserleitung ist nunmehr nahezu fertiggestellt und somit auch die Hoffnung vorhanden, daß in allernächster Zeit mit der Lieferung von Wasser begonnen werden kann." Schließlich konnte der Turm vollendet werden, und von da an wurde in dem Tank das wichtige Lebensmittel auf Vorrat gehalten.

Seit mehr als Hundert Jahren gehört der Wasserturm zu Lehrte – mittlerweile ist er das Wahrzeichen der Stadt.

„Nach dem Zweiten Weltkrieg veränderte sich der Bahnverkehr, die Bevölkerungszahl war stark gewachsen und Lehrtes Verbrauch entsprechend angestiegen. Die Wasserwerke kauften erstmals 1951 Wasser von den Harzwasserwerken dazu", berichtet der Vertriebsleiter. Trotz der angrenzenden Gleise hatte der Turm den Krieg weitestgehend unbeschadet überstanden. Bis 1951 sei das Wasser in der Nähe des heutigen Autobahnkreuzes Lehrte-Ost gefördert worden. „Aber", so Rust, „die Landwirte beschwerten sich zunehmend, weil ihre Felder trockenfielen." Das machte den Zukauf aus dem Harz nötig.

Im Laufe der Jahre entstand um den Turm herum eine Zuckerfabrik mit mehreren großen Silos. Teile dieser Zuckerfabrik wurden an den Wasserturm direkt angebaut. Heute kaufen die Lehrter Einwohner auf dem Gelände in einem großen Supermarkt und einem

Baumarkt ein. Die Zuckerfabrik gibt es nicht mehr, sie schloss 2002 ihre Tore und wurde ein Jahr später abgerissen.

Eine Entscheidung mit unerwarteten Folgen. Dabei stellte man nämlich fest, dass Stahlträger direkt in die Wände des 45 Meter hohen Turms getrieben worden waren. „Wir mussten ihn renovieren. Es zeigte sich, dass die sehr dunklen Ziegel eigentlich rot waren, als wir die Steine im unteren Bereich reinigten", schmunzelt Rust. Nach diesen 45.000 Euro teuren Arbeiten erstrahlte der Turm in fast vergessener Schönheit, befreit von einengenden Silos. „Kurz darauf entschieden wir, dass der Turm besonders in Szene gesetzt werden sollte. Seitdem wird er abends mit LED-Leuchten illuminiert – oben am Kopf in Blau, symbolisch für das Wasser."

Seit längerem denkt man auch über eine neue Nutzung nach. „Aber bislang gibt es keine realisierbare Idee. Vom Trauzimmer bis zu einer Gastronomie war alles schon im Gespräch. Der Turm ist sehr schmal, der Tank war lange feucht – da bleiben nicht viele Möglichkeiten", resümiert Björn Rust. Zurzeit führt er zu besonderen Anlässen interessierte Besucher in den Turm. Ansonsten bleibt nur ein Blick von außen. Und der lohnt sich seit 2011 richtig. „Für 400.000 Euro wurde damals die Außenfassade saniert. Dafür ließen wir sogar extra Ziegelsteine in dem Format der Bauzeit anfertigen, dieses Maß gibt es heute nicht mehr – mehr als 10.000 Stück mussten ersetzt werden." Das Dach wurde erneuert, die Fassade neu gestrichen. Jetzt ist der Turm nicht nur für die Einwohner ein echter Hingucker, auch Zugreisenden von und nach Wolfsburg oder Berlin fällt er ins Auge. Ein wahres Prachtstück!

Rosa Legatis

So geht's zum Wasserturm:

Er steht etwas abseits vom Zentrum in der Nähe eines großen Einkaufscenters im Stadtpark von Lehrte an der Germaniastraße.

bis
2004

Glocken

Deftiger Protest am heiligen Ort

Wer heute vor der Matthäuskirche in Lehrte steht, ahnt nicht, welche heftigen Gefühle dieser Bau einst bei der Bevölkerung hervorrief. Ende des 19. Jahrhunderts stand nämlich direkt vor der Tür des ehrwürdigen roten Backstein-Gotteshauses eine sogenannte „Teufelskapelle". „Wobei dieser Titel nicht etwa ketzerisch gemeint war", weiß Heinrich Nöhre. Er ist gebürtiger Lehrter und war lange im Kirchenvorstand aktiv. „Vielmehr hat der Volksmund diesen Namen für das Fachwerkhaus, das dort mal stand, erfunden. Die Leute spielten damit auf eine Auseinandersetzung an, die zwischen den alteingesessenen Bauern und den neuen Lehrter Einwohnern tobte." Heute markieren zwei große, weiße Glocken die Stelle, an der damals die Teufelskapelle stand, die übrigens kein sakrales Gebäude war, sondern ein Fachwerkhaus mit Stall und – das war entscheidend – mit einem Außenabort. Ein „teuflisches" Hindernis direkt vor der Tür der Matthäuskirche, das gläubigen Christen den Gottesdienstbesuch erschweren sollte.

Eigentliche Ursache für die Auseinandersetzungen unter den Einwohnern von Lehrte war die Industrialisierung. Sie sorgte für einen starken Bevölkerungszuwachs und der wiederum für einen tiefgreifenden Wandel der Arbeits- und Lebensweisen, weil er den gewohnten Lauf der Dinge im Ort in Bewegung brachte. Die Veränderungen kamen mit dem Bau der Eisenbahn, initiiert vom hannoverschen König. „Georg V. wollte zwar die Züge, doch den Dreck der Dampflokomotiven wollte er in seiner Residenzstadt Hannover nicht haben. Deshalb liegt bis heute dieser wichtige Bahnknotenpunkt in Lehrte", erzählt Heinrich Nöhre. Hier kreuzen sich die Strecken von Hannover nach Berlin sowie die von Celle nach Hildesheim. Durch diese Entwicklung nahm auch die Zahl der Einwohner schnell zu: Lebten 1821 noch 702 Menschen in Lehrte, so waren es circa 50 Jahre später, um das Jahr 1868, schon rund 2.300. „Das sorgte für Engpässe in der

Auch wenn der Eklat um die Teufelskapelle und den Bau der Matthäuskirche schon 130 Jahre her ist, hat die Geschichte für Heinrich Nöhre nicht an Faszination verloren.

Nikolauskirche im alten Dorf. Obwohl sicherlich nicht alle Einwohner die Kirche besuchten, passten die, die zum Gottesdienst wollten, nicht mehr alle hinein", schildert Nöhre die veränderte Situation.

Den Kirchenoberen von Lehrte wurde zu diesem Zeitpunkt klar, dass ein Anbau an die alte Kirche allein nicht reichen würde. Ein neues Gotteshaus musste her, und der hannoversche Architekt Conrad Wilhelm Hase (1818-1902) bekam den Auftrag, einen Bauplan vorzulegen. Damit begann jedoch der Ärger zwischen den Alteingesessenen und den neuen Einwohnern. Denn auch wenn unter der Bevölkerung Einigkeit über die Notwendigkeit des Neubaus herrschte, war der Standort umstritten. Die einen wollten, dass die neue Kirche auch im Dorf gebaut würde. Die anderen favorisierten einen Platz An der Masch – dort, wo die neuen Einwohner ihr Zuhause gefunden hatten.

Es kam zum Eklat – mit Folgen für das Bauprojekt, so das Ergebnis von Nöhres Recherchen: „Die Grundbesitzer, die ja zu den ursprünglichen Einwohnern Lehrtes gehörten, waren nicht bereit, für eine Kirche außerhalb des alten Dorfes zu zahlen. Die Bauern haben damals taktiert und damit den Bau um einige Jahre verzögert." Der Streit wurde noch verschärft durch die politischen Verhältnisse nach 1866 und den Anschluss Hannovers an Preußen. Viele „Alt-Lehrter" hielten zu den Welfen. Für sie waren die Zugezogenen „Preußen". „Laut Überlieferung galt für viele Dörfler der Spruch: Unser Herrgott befreie uns vom Joch der Preußen", so Nöhre. Darüber hinaus ging es um neue Machtverhältnisse im Ort. Schwierige Stimmverhältnisse herrschten damals in Lehrte, letztlich beschlossen vor allem die Zugezogenen den Bauplatz An der Masch. Und endgültig besiegelt wurde er durch eine Finte des Fabrikanten Stackmann. „Der hatte es geschafft, über Strohmänner die nötigen Grundstücke zu erwerben", berichtet Nöhre, dessen Familie seit dem 17. Jahrhundert im Lehrter

Die Glocken vor der Matthäuskirche stehen an der Stelle, an der sich vor rund 130 Jahren die „Teufelskapelle" befand.

Dorf Landwirtschaft betrieben hat. Deshalb weiß er, wie Bauern an ihrem Grund und Boden hängen – aber ihr Sinn für Profit beim Verkauf von Ländereien ist ihm ebenfalls nicht fremd.

Jedenfalls stand damals mit dem Kauf des Grundstücks An der Masch dem Kirchenneubau nichts mehr im Wege – dachten die neu zugezogenen Befürworter. Doch eine Gruppe der Alteingesessenen gab nicht so schnell auf. Während 1873 der Grundstein für die neue Matthäuskirche gelegt wurde, schmiedeten sie einen Plan: Nur ein paar Meter vor dem Kirchenportal errichteten sie ein Wohnhaus – zunächst nur mit Stall, aber wenig später mit einem Außenabort. „Das war ein gewollter Affront", so das ehemalige Kirchenvorstandsmitglied. „Immerhin mussten die Besucher jetzt direkt an der Toilette vorbei in die Kirche gehen!" Kurz vor der Fertigstellung verfügte der damalige Amtshauptmann dann allerdings den Abriss des umstrittenen Klohäuschens – wobei das Wohnhaus noch zehn weitere Jahre direkt vor der Kirchentür erhalten blieb. Trotz des Streits wurde die Matthäuskirche am 26. April 1876 offiziell eingeweiht – und in der Broschüre zum 125-jährigen Jubiläum heißt es versöhnlich: „Damit hat die Kirche das Dorf verlassen und wird auf halbem Wege zwischen Dorf und Bahnhof zum Symbol des neuen Lehrte mit einer selbstbewussten Einwohnerschaft aus Alteingesessenen und Zugezogenen."

Bei aller Harmonie, die die beiden Glocken vor der Kirchentür heute ausstrahlen, erinnern sie eigentlich an großen Ärger und an den fantasievollen Protest, den es in Lehrte mal gab.

Rosa Legatis

So geht's zu den Glocken:

Der sakrale Backsteinbau, vor dem die Glocken stehen, befindet sich direkt an der Kreuzung Marktkirche/ Zum Alten Dorfe.

31

Eingemauertes Kind

Für einen Beutel voll Gold

Diese Geschichte hat ganze Generationen von Neustädtern umgetrieben: Beim Bau des Schlosses Landestrost in Neustadt am Rübenberge soll ein lebendiges Kind als Opfergabe in die Südmauer eingemauert worden sein. So jedenfalls will es die Legende.

Nein, diese Geschichte ist nicht verifiziert. Aber in der Schlossmauer zu Neustadt fand sich über Jahrhunderte ein steinernes Abbild einer Mutter mit Kind. Es sah aus wie eine Art Relief, etwas schemenhaft, von Zeit und Wetter verwaschen, doch durchaus identifizierbar: eine Frau, die ein Kind auf dem Arm trägt. Zahllose Neustädter nahmen dieses Steinbild als Beweis. Und haben sich gewaltig gegruselt. Oh Gott. Ein Kind. Eingemauert. Kläglich zugrunde gegangen. Wie grausam.

In der Tat – wenn es stimmt. Stimmt es? „Tjaaa", sagt Anja Römisch mit leicht gedehnter Stimme. „Man weiß es nicht." Dann fügt sie noch das Stichwort „Aberglaube" hinzu. Doch ihr Tonfall versieht dieses Wort zugleich mit einem halben Fragezeichen. Als wollte sie sagen: Nein, es gibt keinen Beweis. Es gibt aber auch keinen Gegenbeweis.

Anja Römisch ist die Geschäftsführerin der Stiftung Kulturregion Hannover, der seit 1997 das Schloss Landestrost in Neustadt a. Rbge. (wie die Neustädter ihren Städtenamen abkürzen) gehört. Landestrost, ein Weser-Renaissance-Schlösschen, erbaut zwischen 1573 und 1584, sollte eine repräsentative Adresse von Herzog Erich II. zu Braunschweig-Lüneburg (1528-1584) werden. Er brauchte so etwas, um seine angegriffene Machtstellung in der Region zu festigen. Der Plan schlug fehl: Erich starb, bevor der Bau ganz fertig war. Und nicht einmal seine Idee, gleich die ganze Stadt mit dem programmatischen Begriff „Landestrost" zu belegen (das Wort Trost stand ursprünglich für Vertrauen oder Zuversicht), hatte Bestand.

Hat die Statue „Uta" genannt: Anja Römisch weiß um die Macht von Sagen.

Neustadt hieß bald wieder Neustadt. Nur das Schloss trug weiter den Namen, auch wenn seine Geschichte – es war Herzogresidenz ebenso wie Kreisverwaltung und sogar teilweise Sitz der Sparkasse – mitunter eher trostlose Aspekte hatte. Heute sind niveauvolle Institutionen wie das Archiv und die Kulturverwaltung der Region, die Stadtbibliothek Neustadt und das Amtsgericht in dem historischen Gebäude untergebracht, im Keller residiert eine namhafte Sektkellerei, nebenan eine stilvolle Weinhandung. Und es finden zahllose kulturelle Veranstaltungen in den Sälen statt. Aber wofür auch immer die Räumlichkeiten genutzt wurden, in der südwestlichen Flanke der Festungsmauer, in einer turmrunden Ausbuchung, war es (wenn man der Legende glaubt) immer da: das eingemauerte Kind. Zumindest in Form des Steinbilds.

Bemühen wir einen Auszug jener Version der Geschichte, die in dem Buch „Niedersachsens Sagenborn“ von 1927 wiedergegeben wird: „Des sumpfigen Untergrundes wegen wollte die Festungsmauer an dieser Stelle nicht stehen, sondern versank immer wieder trotz aller Mühen der Bauleute. Als alles vergeblich schien, riet ein fremder Steinmetz, man solle an der bösen Stelle ein lebendiges Menschenkind einmauern, um die tückischen Erdgeister durch dieses Opfer zu befriedigen.“ Es habe damals, heißt es im Text weiter, ein Weib in der Stadt gelebt, das so arm gewesen sei, dass es für sich und sein vaterloses Kind oft nichts zu beißen und zu brechen gehabt habe. „Für einen Beutel voll Gold gab sie ihr Kind dahin.“ Man habe dem armen „Kindelein“ ein Zweipfennigbrötchen in die Hand gegeben und es dann eingemauert. Danach sollen sich die Erdgeister versöhnt gezeigt haben. Aber: „Die unglückliche Mutter fand von der Stunde an keine Ruhe mehr. Sie schleuderte das Gold in einen Teich und stürzte sich dann selbst hinein.“

„Die Sage hat sich bewahrheitet.“

So weit, so tragisch. „Das Interessante ist“, sagt Anja Römisch, „dass sich an der Stelle, an der damals angeblich das Kind eingemauert wurde, immer wieder Risse zeigten.“ Irgendwann konnte man das nicht mehr ignorieren, also wurde nachgeschaut. Das war 2009. Und siehe da, die Festungsmauer enthüllte gleich zwei Geheimnisse: Zum einen war die turmrunde Ausbuchtung der Mauer tatsächlich ein Turm mit einer Treppe im Innern. Und zum Zweiten war das Mutter-Kind-Relief gar kein Relief, sondern eine richtige Skulptur. Die Plastik war bloß so in die Mauer eingefügt worden, dass man nur ihre Front sehen konnte.

Sie ist etwa einen Meter hoch. Eine Frau mit Kopfbedeckung, und traurigem Blick (soweit das zu erkennen ist). Die Front ist stark verwittert und lässt auch nicht mehr zweifelsfrei erkennen, ob sie ein Kind oder etwas anderes im Arm hält. „Wir haben sie getauft", sagt Anja Römisch. „Sie sieht ein wenig aus wie die Uta von Naumburg im dortigen Dom. Sie muss auch eigentlich größer gewesen sein. Die Figur hört in Hüfthöhe auf, aber wahrscheinlich war das eine Ganzkörperdarstellung."

Man sieht nicht mehr jeden Gesichtszug, aber man sieht noch, was dargestellt ist: Mutter mit Kind.

Dann stellte sich noch etwas heraus: Der Festungsmauerabschnitt, in dem „Uta" eingemauert war, war gar nicht alt. Er war erst um 1920 errichtet worden. Tatsächlich gibt es einen Plan aus der Zeit um 1885, in dem die ursprüngliche Mauer fehlt – sie war also irgendwann teilweise abgetragen und dann wieder aufgebaut worden. Damit aber schien es, als wäre die ganze Geschichte perdu. Große Aufregung in Neustadt: Alles keine Hundert Jahre alt? Etwas Nachgemachtes? War das dann doch der Beweis, dass die ganze Kind-Sage Hokuspokus war? Flunkerei?

„Na ja", sagt Anja Römisch: „Die Steine in der Wand haben wir untersuchen lassen. Sie deuten auf das 16. Jahrhundert hin. Vielleicht sind sie sogar noch älter." Was durchaus sein kann, denn Schloss Landestrost wurde auf den Ruinen einer ehemaligen Burg hochgezogen. Sprich: Zwar ist der Mauerabschnitt mit der Skulptur darin erst im vorigen Jahrhundert so entstanden, wie wir ihn sehen. Aber erstens hat man alte Steine dafür verwendet, zweitens gab es ja früher tatsächlich eine Mauer. Und auch schon die Mutter-Kind-Darstellung darin. Das belegen Quellen aus der Zeit vor 1920.

In Abstimmung mit der Denkmalpflege wurde entschieden, den Turm in der freigelegten Form mit der Treppe innen drin für Besucher sichtbar zu lassen. Das historische Bauwerk wird geschützt von einem Dach oben und einem Gitter vorn, das die Rundung der früheren Turmmauer quasi nachzeichnet. Und daneben, auf einem eigenen Sockel, gerade so hoch, dass niemand sie stören kann, ruht jetzt die Skulptur einer Unbekannten.

Nach wie vor unklar ist, wen genau die Statue darstellt: wirklich die Neustädter Mutter, die seinerzeit laut Legende ihr Kind hergegeben hat? Oder eine Madonna? Stammt die Figur aus einer Kirche? Man weiß es nicht. Und es ist ebenso nach wie vor unklar, ob die Geschichte mit dem armen Kind nun stimmt oder nicht. „Aber die Sage hat sich bewahrheitet“, sagt Anja Römisch. „Dort, wo die Festungsmauer früher immer gebrochen ist, mussten wir sie öffnen, weil sie wieder instabil war.“

Bert Strebe

So geht's zum Eingemauerten Kind:

Die Adresse von Schloss Landestrost ist zwingend: Schlossstraße 1 in Neustadt am Rübenberge. Wenn man das Schlossgelände betreten hat, gibt es zwei Wege zum Turmfragment: Der eine führt durch den Garten auf der Festungsanlage bis zur südlichen Festungsspitze. Der andere Weg führt unten am Fuß der Festungsmauer auf der sogenannten „Leutnantswiese“ entlang.

Da steht's: Doris Pleye-Schumacher zeigt das Namenskürzel von Georg III. auf dem Wegestein.

32

Wegestein

Im Namen des Königs

Es war kaum ein Fortkommen. Die Füße der Leute steckten, wenn es geregnet hatte, im Matsch. Die Pferdekarren mussten über Unebenheiten und Steinbrocken rumpeln, da brach auch schon mal die eine oder andere Achse. Und wer mit seinem Gespann in eine der vielen Furchen geriet, in denen sich die Räder so gern festfraßen, hatte eben Pech gehabt. So sah der Zustand der Straßen Mitte des 18. Jahrhunderts in Deutschland aus. Auch im Königreich Hannover.

Erst langsam, erzählt Doris Pleye-Schumacher, habe sich an der Leine die Erkenntnis durchgesetzt, dass für eine prosperierende Wirtschaft gute Straßen nötig waren. Als man das aber begriffen hatte, wurde fleißig gebaut, berichtet die Stadtführerin aus Neustadt am Rübenberge. Eine der ersten Straßen, die entstand, war die Verbindung Hannover-Neustadt-Nienburg-Bremen. Sie wurde mit großer Zustimmung der Neustädter hergestellt. Weil Georg III. (1738-1820), König von England und Kurfürst von Hannover, aber nicht einsah, dass er seine Schatzkammer für irgendwelche auswärtigen Kaufmannsleute plündern sollte, verfügte er, jedermann habe für die Straßenbenutzung zu zahlen. „Da steht's", sagt Doris Pleye-Schumacher. „Unterzeichnet und besiegelt vom König, sozusagen." Und sie deutet auf ein paar verschlungene Bögen auf einem Sandstein. Was soll das sein? Erst als die Stadtführerin sagt, was da steht, sieht man es: *GR*, die beiden Buchstaben ineinander verwoben. Georg Rex. Mit Krone obendrüber.

Königlicher Wegebau: 1777 war die Straße nach Bremen fertig vermessen.

Doris Pleye-Schumacher ist am Rand des Neustädter Marktplatzes neben einem aus Klinkern gemauerten viereckigen Sockel in die Hocke gegangen. In den Sockel sind – übereck – die zwei Hälften eines früheren sogenannten Wegesteins eingelassen. Auf der einen Hälfte erkennt man mit Hilfe der Stadtführerin das Königs-Kürzel, auf der anderen steht *Königlicher Wegbau 1777*. Auch dieser Schriftzug – der Stein hat immerhin 240 Jahre auf dem Buckel – ist etwas angegriffen und nicht ganz leicht zu entziffern. Aber er hat auf dem Marktplatz, einen Steinwurf weit weg von der Liebfrauen-kirche, einen würdigen Platz gefunden.

Seinerzeit wird unser Wegestein am damaligen Leintor (Tor an der Leine) ein bisschen weiter östlich gestanden haben. Dort hatte man Wegegeld zu entrichten, berechnet nach der königlich-hannoverschen Wegegeldverordnung. „Die Regeln waren rigide", erzählt Doris Pleye-Schumacher: Auch die Neustädter Bürger, die mitunter zweimal am Tag am sogenannten „weghûs" vorbeimussten, wenn sie ihr Holz oder ihren Torf heimholen wollten, mussten blechen. Die Tarife waren nicht happig, aber auch nicht niedrig. Für jedes vor ein Fuhrwerk gespannte Pferd oder Maultier war ein halber Groschen zu entrichten – für einen Groschen bekam man damals ein Pfund Mehl, für zehn Groschen drei Brote. An manchen Stellen kamen noch Zollgebühren dazu.

Die Straße Hannover-Bremen war 1777 vermessen worden, 1785 wurde sie fertiggestellt. Es war eine gut ausgebaute Straße, nicht so kurvig wie die alten Feldwege, und mit Katzenkopfpflaster belegt. Es gab schon strikte Verkehrsregeln: „Jedermann muss den Postkutschen sofort ausweichen, wenn der Postillon ins Horn stößt", zitiert Pleye-Schumacher eine Kabinettsorder für die Staatschausseen von 1840. Widrigenfalls waren je nach Ausmaß der Verkehrsvergehen 5 bis 50 Taler Strafe zu zahlen (ein Taler entsprach 30 Groschen).

Mit Krone: GR steht für „Georg Rex".

Im Übrigen wurde die Landstraße durchaus nicht nur von Kaufleuten oder fahrendem Volk oder Heereszügen genutzt. Der hannoversche Hof selbst hatte ein ausgeprägtes Interesse an der Verkehrsverbindung, zum einen wegen des weniger beschwerlichen Wegs zur Jagd rund um das Linsburger Jagdschloss. Zum anderen (und vor allem) aber wegen der „englischen Post", also jener königlichen Schriftstücke, die von Hannover nach Bremen und von dort an den Londoner Welfenhof und zurück befördert wurden. Bezahlen musste die Straße trotzdem das Volk.

Bert Strebe

So geht's zum Wegestein:

Die Steinsäule mit dem eingelassenen Wegestein findet sich auf dem Neustädter Marktplatz zwischen Liebfrauenkirche und dem kleinen Säulenbau der Alten Wache.

Eisengitter

Wenige Jahre waren entscheidend

Die bemoosten Steine und eine schwere Eisengittertür sind leicht zu übersehen beim Spaziergang über die ehemalige Anlage der Feste Calenberg. Sie liegt zwischen Schulenburg und Rössing. Die Natur holt hier sich Stück für Stück zurück, was ihr gehört. Mit dem von Bäumen und Büschen fast verdeckten Verlies ist eine tragische Geschichte verbunden. Einst soll der Reformator Anton Corvinus (1501-1553) dort eingesperrt gewesen sein. „Wer an die Reformation denkt, dem kommt natürlich sofort Martin Luther in den Sinn. Doch für die Entwicklung des Protestantismus im Calenberger Land spielte Corvinus eine entscheidende Rolle", weiß Detlef Brandes, Superintendent des evangelisch-lutherischen Kirchenkreises Laatzen-Springe. Außerdem verbinden ihn mehrere persönliche Stationen seines Lebens mit dem Reformator: „Ich wurde in einer Corvinus-Kirche ordiniert und arbeite heute in dem Gotteshaus in Pattensen, in dem er gewirkt hat. Und meinen Dienst trat ich hier 2001 an – in dem Jahr, in dem Corvinus' 500. Geburtstag war", erzählt Brandes lächelnd.

Nur wenige Jahre wirkte der Reformator im Fürstentum Calenberg-Göttingen, doch die waren sehr prägend. Zu dieser Zeit regierte Herzog Erich der Ältere (1470-1540) dort, an seiner Seite seine Frau Elisabeth von Calenberg (1510-1558). „Im Gegensatz zu ihrem Mann befürwortete die Herzogin die Reformation und bat den befreundeten Landgrafen Philipp von Hessen, ihr einen Helfer für deren Einführung zu senden. Der schickte Corvinus", so Brandes.

Anton Corvinus war Mönch im Zisterzienser-Kloster Loccum in Rehburg-Loccum (Landkreis Nienburg, grenzt an die Region Hannover) und in Riddagshausen bei Braunschweig gewesen. Mit 18 Jahren wurde er allerdings als „lutherischer Bub" aus dem Kloster hinausgeworfen, wie Corvinus selbst es beschrieben haben soll. Bevor ihn der Ruf ins Calenberger Land erreichte, war er bereits evangelischer

In diesem heute mit einem schweren Eisengitter versperrten Kellergewölbe der Feste Calenberg soll der Reformator Anton Corvinus gefangen gehalten worden sein – Detlef Brandes weiß, was es damit auf sich hat.

Pfarrer in Witzenhausen an der Werra (Hessen) und beriet den Landgrafen Philipp von Hessen (1504-1567) in Glaubensfragen.

Kurz bevor Corvinus in Pattensen ankam, verstarb der überzeugte Katholik Erich der Ältere (1540). Sein Sohn Erich II. (1528-1584) war zu der Zeit mit seinen zwölf Jahren noch unmündig. Deshalb übernahm seine Mutter, Herzogin Elisabeth, die Vormundschaft für ihren Sohn und somit alle politischen Geschäfte. Unter ihrer Ägide schlug im Fürstentum Calenberg die Stunde der Reformation. Corvinus wurde alsbald zum Generalsuperintendenten mit Wohnsitz in Pattensen ernannt. „Sein Wohnhaus soll genau gegenüber der Kirche gestanden haben. Doch durch mehrere große Brände in der Stadt sind alle möglichen Spuren davon vernichtet worden", erzählt Brandes bedauernd. Für Corvinus entwickelte sich unter Herzogin Elisabeth eine äußerst aktive Phase. Nachdem er in ihrem Auftrag die Calenberger Kirchenordnung verfasst hatte, versammelte er die Pfarrer in Pattensen zu einer Synode, bei der er ihnen die neue Lehre vermittelte. Bei nachfolgenden Visitationsreisen überprüfte er die kirchlichen Verhältnisse in den Pfarreien und examinierte die Pfarrer.

Über ihn als Privatmensch ist wenig bekannt, erzählt Brandes. „Er war ein sehr gelehrter Mann und hatte eine humanistische Ausbildung erhalten. Aber als Persönlichkeit war er offenbar eher zurückhaltend. Aus Briefen von ihm lässt sich erahnen, dass ihn der Tod vier seiner Kinder sehr tief getroffen hat. Aber es ist nicht sicher, wer die Mutter war", berichtet der Superintendent von Laatzen und Springe. Nur eine seiner Töchter soll das Erwachsenenalter erreicht haben.

„Für Corvinus wusste, dass das für ihn höchste Gefahr bedeutete."

Als Erich II. im Jahr 1545 volljährig wurde, endete die Zeit von Elisabeth – und damit auch die von Corvinus. Zum Leid seiner Mutter bekannte sich der junge Herzog zur katholischen Kirche und schlug sich im Schmalkadischen Krieg (1546-1547) auf die Seite Kaiser Karls V. (1519-1556). Er kämpfte gegen den Protestantismus. „Corvinus wusste, dass das für ihn höchste Gefahr bedeutete", schildert Brandes.

Doch seine Verhaftung konnte das nicht verhindern. „Im November 1549 ließ Erich II. den Reformator Corvinus verhaften und brachte ihn auf die Feste Calenberg. Laut Legende soll er in das Kellerverlies gekommen sein. Aber es war wohl eher ein verschärfter Hausarrest, bei dem er noch Briefe empfangen und durch das Fenster mit einem Freund sprechen durfte. Ärztliche Versorgung erhielt er jedoch nicht."

An der St. Lucas Kirche in Pattensen erinnert eine kleine Gedenktafel an den Reformator Corvinus.

Das harte Vorgehen von Vertretern des Katholizismus gegen die Protestanten und die dreijährige Haft hinterließen Spuren bei Corvinus. Schließlich gab ihm eine veränderte politische Lage im Spätherbst 1552 die Freiheit zurück. „Doch er starb wenige Monate nach seiner Entlassung in Hannover. Dorthin hatte er sich zurückgezogen", beschreibt Brandes das Lebensende des Reformators. Heute erinnert eine kleine Gedenktafel an der evangelischen Kirche in Pattensen an Corvinus, sie wurde zu seinem 400. Geburtstag angebracht. „Aber", so Brandes, „von seiner besonderen Rolle während der Reformation und vor allem für das Calenberger Land ist darauf nichts zu lesen." Darüber gibt das alte Verlies schon mehr Aufschluss – auch wenn es fast zugewachsen und seine Verbindung zu Corvinus vielleicht nur eine Legende ist.

Rosa Legatis

So geht's zum Eisengitter:

Auf der Landstraße von Schulenberg in Richtung Rössing kommt ein Parkplatz und eine kleine Brücke, über diese geht ein Weg, der bis zur Feste Calenberg führt. Dann folgt man dem Weg links und auf der linken Seite liegt, etwas verborgen, der Zugang zum Keller.

lost their lives.
The people of Oerle gave them
a dignified burial
and a temporary resting place
in this cemetery.
THE McKEE FAMILY
B-24 Ark Angel ab.
Alle neun Besatzungsmitglieder
kamen ums Leben.
Die Einwohner von Oerle gaben ihnen
auf diesem Friedhof
ein würdiges Begräbnis
und eine zeitweilige Ruhestätte.
Dafür sind wir ihnen ewig dankbar.
DIE FAMILIE McKEE

Steinbrocken

Der letzte Einsatz der „Ark Angel“

Der Stein auf dem Friedhof von Oerie, ein grauer Findling, fällt nicht gleich auf. Doch das Ereignis, an das er erinnert, ist dramatisch. Es geschah am 26. November 1944 am Rande des Ortes. „Direkt über dem Feld meines Großvaters stürzte an diesem Tag ein amerikanischer Bomber ab“, erzählt Thomas Pohl, der in Oerie, einem Ortsteil von Pattensen, lebt. „Gerade als der Flieger runterkam, radelte meine Großmutter dort vorbei. Sie sah das Flugzeugwrack und einige auf dem Feld liegende tote Soldaten.“

Thomas Pohl – geboren 1974 – interessierte sich schon als Teenager dafür, was 1944 geschehen war. Für ihn sind die Ereignisse Teil seiner Familiengeschichte. Oerie selbst war während des Zweiten Weltkriegs von Bombardierungen verschont geblieben, aber „von hier aus ist es nicht weit bis zum hannoverschen Stadtteil Misburg. Dort bombardierten die Alliierten im November 1944 ein kriegswichtiges Ölhydrierwerk“. Der amerikanische B24-Bomber „Ark Angel“ (Erzengel) war nach dieser Bombardierung bereits auf dem Rückflug, als er beschossen wurde. Die deutsche Abwehr funktionierte: Die „Ark Angel“ wurde getroffen und stürzte ab.

„Die Besatzung hatte gewiss nicht vor, an diesem Tag auf einem Feld in Oerie zu sterben“, meint Thomas Pohl. „Doch obwohl es noch einigen Crew-Mitgliedern gelang, mit dem Fallschirm auszusteigen, war das Flugzeug schon viel zu nah über dem Boden.“ Alle neun Amerikaner kamen ums Leben.

„Die Amerikaner wurden auf unserem Friedhof beerdigt. Dabei halfen auch französische Kriegsgefangene, die in dem Dorf arbeiten mussten. Ich habe eine Rechnung gefunden, die belegt, dass ein Schreiner vor Ort neun Kreuze angefertigt hat“, erzählt Pohl. Von langer Dauer war diese Ruhestätte jedoch nicht. Nach dem Krieg wurden die Besatzungsmitglieder der „Ark Angel“ umgebettet – einige kamen nach Belgien auf eine Kriegsgräberstätte, andere wurden in die USA gebracht.

Heute erinnert nur der Gedenkstein an den Absturz der Ark Angel auf dem Feld direkt hinter dem Friedhof von Oerie.

Den Gedenkstein hat Thomas Pohl persönlich gesucht und in Bennigsen gefunden.

Thomas Pohl hat den Absturz im Internetauftritt des Dorfes dokumentiert.

„Als 2009 zwei Brüder von einem der Verstorbenen gemeinsam mit ihren Söhnen aus den USA nach Oerie gereist kamen, um zu sehen, wo ihr Bruder tödlich verunglückte, war ich durch meine Recherchen und die Internetseiten ihr Ansprechpartner", erinnert sich der Oerier. „Durch die damaligen Zeitungsberichte, die anlässlich der Reise der Amerikaner in unseren Ort erschienen, meldeten sich zwei Zeitzeugen. Die beiden konnten genau beschreiben, wo der Flieger auf dem Feld runtergekommen war. Und mein Onkel hatte genau an der Stelle über Jahre Teile des Wracks gefunden."

„Die Ark Angel war nicht das einzige Flugzeug, das zu dieser Zeit schwer getroffen wurde. Es gab hier außerdem noch andere Notlandungen beziehungsweise Abstürze", erzählt Thomas Pohl. So kam es beim Absturz eines weiteren Bombers durch herabfallende Wrackteile über dem Nachbarort Hüpede zu Opfern unter der Dorfbevölkerung.

Das Leid der von den schweren Bombardements betroffenen deutschen Bevölkerung ist Thomas Pohl bei seinen Recherchen immer bewusst gewesen. Dennoch ist das Schicksal der Crew der „Ark Angel" für ihn von besonderer Bedeutung. Auch, weil es die enge Verbindung zu seiner Familie hat. „Die Geschichte der amerikanischen Soldaten und der Gedenkstein auf unserem Friedhof stehen für mich als Zeichen für die vielen Opfer auf allen Seiten dieses schrecklichen Krieges."

Rosa Legatis

So geht's zum Steinbrocken:

Der Friedhof Oerie befindet sich direkt an der Straße zwischen den Pattenser Ortsteilen Hüpede und Oerie. Rechts, im hinteren Teil des Geländes, liegt der graue Findling zum Gedenken an die verstorbene Besatzung der „Ark Angel".

Für Wilhelm Kulke sind die Sühnesteine aus der Vergangenheit auch heute noch eine Mahnung zur Ehrlichkeit.

35

Kreuzsteine

Sieben Schritte bis zur Ehrlichkeit

Malerisch, direkt am Ortsrand, überschattet von einer Baumkrone, stehen im Ronnenberger Stadtteil Benthe acht Kreuzsteine. In den Sand- und Kalkstein gehauen, sind die Kreuze trotz der vielen Jahrhunderte nach wie vor gut erkennbar, auch wenn Regen und Wind ihre Spuren hinterlassen haben. „Um diese Kreuzsteine rankt sich eine der spannendsten Sagen in der Region Hannover", erzählt Wilhelm Kulke vom Arbeitskreis Ronnenberger Stadtgeschichte.

Die behauenen Felsblöcke sollen die Begrenzung für eine Gerichtsstätte gewesen sein – der achte Stein sei allerdings erst später dazugekommen. Angeblich sollen dort häufiger Verhandlungen stattgefunden haben, so gehe die Legende, erzählt Wilhelm Kulke. Und einer dieser Fälle ist von ganz besonderer Bedeutung für die Geschichte der Kreuzsteine: „Vor dieser Gerichtsstätte musste sich einst ein Bauer wegen eines Betrugs verantworten. Sein Knecht beschuldigte ihn, dass er keinen Lohn für die getane Arbeit bezahlt hatte." Der Bauer stritt alles ab und sagte: „Der Teufel soll mich beim siebten Schritt in die Erde schlagen, wenn's nicht wahr ist", so wird es in dem Buch „Niedersachsens Sagenborn" beschrieben. Gesagt, getan: Der Angeklagte machte sieben Schritte – und verschwand im Boden. Zurück blieben nur, laut Niedersachsens Sagenborn, „die letzten Trappen, die er mit seinen schweren Fußtritten dem weichen Boden eingedrückt hatte".

Trotz Wind und Wetter sind die Kreuze in den früheren Sühnesteinen immer noch gut zu erkennen.

So weit die Sage. Genährt und nahezu wissenschaftlich untermauert wurde sie durch einen der Standorte, an denen die Kreuzsteine im Laufe der Jahrhunderte in dem Ronnenberger Stadtteil zu finden waren. Er befand sich ganz in der Nähe einer Holland-Windmühle, die dort noch heute zu sehen ist. Als „Beweis" für die Geschichte vom versunkenen Landwirt sorgte die besondere geologische Beschaffenheit des Bodens, erklärt das ehemalige Ortsratsmitglied Kulke: „Durch den Salzstock, der sich unter dem Benther Berg befand, entstanden an dieser Stelle ungewöhnliche Vertiefungen, die der Volksmund zu den Fußstapfen des Meineid schwörenden Bauern machte. Aber offenbar hatten der Bauer und seine letzten sieben Schritte nichts damit zu tun." Dennoch waren gerade sie namensgebend für die Sage – und die Kreuzsteine passten dort doch so gut hinein!

Aber Kulke weiß: „Die sieben Steine waren kein Merkmal für eine Gerichtsstätte, sondern sogenannte Sühnesteine, das haben Experten herausgefunden. Solche Steine wurden meist genau dort aufgestellt, wo ein Mensch totgeschlagen oder ermordet worden war. Sie waren ein Zeichen für Reue und Buße", (siehe Geheimnis 02). Die steinernen Mahnungen standen in früheren Zeiten an verschiedenen Stellen rund um Benthe. Wann sie dann zusammengeführt wurden, konnte Kulke nicht herausfinden – auch ist unklar, wann der achte Stein dazukam und woher er stammt. Aber bereits Mitte des 15. Jahrhunderts wurde ein Stück Land mit „sieven crucen" in einer Urkunde erwähnt, hat Kulke recherchiert. Im Laufe der Jahrhunderte wechselten die Steine mehrfach ihren Platz. „So standen sie auch eine Zeit lang an der Bundesstraße 65 in Nachbarschaft zu der Gaststätte Sieben Trappen. Als die Betreiber aufgaben, eröffnete dort ein Bordell. So kam es, dass die Kreuzsteine 1978 wieder umzogen", erinnert sich Kulke.

„Diese Steine wurden meist dort aufgestellt, wo ein Mensch totgeschlagen oder ermordet worden war. Sie waren ein Zeichen für Reue und Buße."

Heute stehen die acht Steine an einer Kreuzung mitten in Benthe – doch für die meisten Einwohner heißt dieser Bereich des Stadtteils „Sieben Trappen". Wilhelm Kulke hat den neuen Standort mit den anderen Mitgliedern des Ortsrates ausgesucht. „Wir haben an der Kreuzung eine tolle Stelle gefunden. Hier sind die Steine gut zugänglich und dennoch etwas geschützt."

Und die Moral von der Geschichte: „Auch wenn die Überlieferung von den sieben letzten Schritten des Bauern nicht wahr ist, stellt die Sage doch eine Mahnung zur Ehrlichkeit dar." So sieht es zumindest Wilhelm Kulke.

Rosa Legatis

So geht's zu den Kreuzsteinen:

Die Kreuzsteine stehen an der Kreuzung Hermann-Löns-Straße/ Sieben-Trappen-Straße im Ronnenberger Ortsteil Benthe.

S#!T
HAPPENS

Benther Bergterrassen

Ehemals ein bewegter Ort

Sie fallen kaum auf – aber direkt oberhalb des Hotels „Benther Berg" sind Spuren einer bewegten Geschichte Ronnenbergs zu finden. Eine schmale, grob gepflasterte Straße führt auf einen Parkplatz. Wer genau hinschaut, kann dort verwitterte Stufen entdecken. Sie gehören zu den wenigen Überresten der Gaststätte „Benther Bergterrassen". Das Lokal brannte 1975 kurz nach seiner Schließung völlig aus. Davor hatte es eine große Rolle gespielt: „Mehr als Hundert Jahre erfrischten sich hier Wanderer und Spaziergänger aus der Region Hannover", hat Rainer Piesch recherchiert. Der Gehrdener erforscht seit vielen Jahren die Geschichte seiner Heimat – dazu gehört auch das benachbarte Ronnenberg.

Für die Bergterrassen begann alles mit einem Getränkestand. Den eröffnete der Handwerker Johannes Georg Ernst Rehbock am früheren Picknickplatz auf dem Benther Berg. Die Geschäfte liefen so gut für ihn und seine Familie, dass er nach wenigen Jahren ein Wohnhaus mit Gasträumen und Saal baute – und es auch gleich bezog. Wobei der Erfolg seines Lokals „Erichs Ruh" – benannt nach dem Besitzer des Grundes und Bodens, Erich Friedrich Ludwig von Lenthe (1831-1896) – nicht überall begrüßt wurde. „Offenbar feierten die jungen Leute aus der Umgebung jeden Sonntagnachmittag und gern abends bis spät in die Nacht", erzählt Piesch. „Und auch wenn die Polizei daraufhin ein Auge auf die Gaststätte haben sollte, sorgte der Bau der Straßenbahn 1896 für noch mehr Gäste auf den Bergterrassen. Zudem erhielt Benthe in diesem Zuge elektrischen Strom – das brachte viele Verbesserungen für das Lokal." So fand zum Beispiel die gefährliche Beleuchtung mit Petroleumlampen ein Ende.

Das 50-jährige Bestehen wurde 1913 auf dem Benther Berg groß gefeiert. „Dafür kamen bekannte Persönlichkeiten ins Erichs Ruh", so beispielsweise Hannovers Stadtdirektor Heinrich Tramm (1854-

Für Rainer Piesch wird beim Anblick der Relikte aus der Vergangenheit das Treiben im Lokal Benther Bergterrassen fast wieder lebendig.

1932) und der Künstler Kurt Schwitters (1887-1948). Doch obwohl schon vieles modernisiert war, gab es nach wie vor so manche Schwierigkeiten. So musste auch an diesem besonderen Jahrestag das Wasser noch mit Pferdefuhrwerken auf den Berg gebracht werden. „Und nur wenig von dem kostbaren Nass wurde für die Hygiene zur Verfügung gestellt", weiß Rainer Piesch. Wichtiger war das Wasser für die Zubereitung von Kaffee, zum Kochen und Backen.

Die Jahre gingen ins Land – der Erste Weltkrieg sowie die darauf folgende Inflation hinterließen ihre Spuren. „Vielleicht verkaufte Familie Rehbock deshalb das Erichs Ruh", so Pieschs Vermutung. Die Rehbocks bekamen dafür 90.000 Reichsmark. Der neue Besitzer, Ernst Werner, stammte aus einer hannoverschen Gastronomenfamilie und baute zunächst einiges um. Trotz der wirtschaftlich schlechten Situation ließ er unter anderem den Kaffeegarten vergrößern. Doch dann brach der Zweite Weltkrieg aus, „Erichs Ruh" musste schließen: Das Gasthaus wurde bis zum Kriegsende als Lazarett genutzt. Danach richtete die englische Militärregierung dort ein Kinderheim ein.

Erst Weihnachten 1948 öffnete das Restaurant erneut – und bekam einen anderen Namen: „Benther Bergterrassen". Schnell war das Lokal wieder ein beliebtes Ausflugsziel, auch wenn der Betrieb durch Lebensmittelmarken und den eingeschränkten Warenhandel einige Probleme zu bewältigen hatte. Dreimal in der Woche durfte getanzt werden – drinnen im großen Saal und draußen im Freien. Rainer Piesch hat alte Unterlagen studiert und weiß: „Rund 2000 Menschen fanden dort Platz. An schönen Sommertagen gingen 250 dreiteilige Mittagsmenüs raus, plus 500 Liter Kaffee, 2000 Stück Kuchen, 2000 Portionen Speiseeis, 1200 Berliner Weiße, 1000 Flaschen Limonade oder Saft. Alles bereiteten die Beschäftigten zu und brachten es den Gästen. Das waren viele Kilometer, die die Kellner zurücklegten. Und sie brauchten starke Arme. Die Geschäfte liefen so gut, dass Gäste für Silvester ein Jahr im Voraus buchen mussten."

„Die Geschäfte liefen so gut, dass Gäste für Silvester ein Jahr im Voraus buchen mussten."

Der Tod des Besitzers Ernst Werner im Jahr 1960 versetzte der Gaststätte einen schweren Schlag. Zusätzlich sorgte das veränderte Reiseverhalten der Deutschen für einen Rückgang der Gästezahlen. Die Menschen machten jetzt längere Ausflüge, Fernziele waren angesagt, das unmittelbare Umfeld war nicht mehr attraktiv. Auch die Jugend hatte in den 1960er-Jahren andere Interessen, als die Tanzveranstaltungen in den Bergterrassen zu besuchen. 1974 schloss das Ausflugslokal endgültig seine Türen.

Ein genauer Blick lohnt sich: Noch heute sind Relikte des Lokals Benther Bergterrassen verborgen hinter Büschen und Bäumen zu finden.

Heute zeugen ein paar Terrassen-Einfassungen und die Überreste eines Springbrunnens von seiner lebhaften Vergangenheit. Vom Gebäudesockel ist noch etwas zu sehen und ein Teil des Kellers. Wer also jetzt über das frei zugängliche Gelände der ehemaligen „Benther Bergterrassen" streift, sollte ein wenig die Augen offen halten, denn es lohnt sich, auf Spurensuche zu gehen.

Rosa Legatis

So geht's zu den Benther Bergterrassen:

Direkt oberhalb des Hotels Benther Berg befindet sich ein Parkplatz, an dessen Rand bis heute die Benther Bergterrassen grenzen. Wer genau hinschaut, sieht die Zugänge auf das Gelände zwischen den Bäumen.

37

Obentraut-Denkmal

Letztes Stündlein des deutschen Michel

Wir schreiben das Jahr 1625. Es herrscht Krieg, seit sieben Jahren, und im Grunde hat er gerade erst so richtig angefangen und wird noch mehr als dreimal so lange dauern, bis 1648: Es ist der Dreißigjährige Krieg. Darin geht es um die Macht im Heiligen Römischen Reich Deutscher Nation, es geht um Katholizismus und Protestantismus, es ist ein unübersichtliches Getümmel von Feldherren und Söldnern und unterschiedlichen Allianzen, und alle möglichen Nachbarländer mischen auch noch mit.

4. November, früher Morgen. Bei Seelze liegen dänische Truppen. Der dänische König Christian IV. will mithelfen, Norddeutschland gegen den Kaiser zu verteidigen (und nebenbei etwas Territorium für seinen Sohn beschaffen). In der Nähe, bei Almhorst, kampiert ein Generalleutnant, ein gewisser Johann Elias Michael von Obentraut, mit seinem Reiterregiment. Auch er und seine Männer gehören zu Christians Armee.

Es ist Obentrauts letzter Morgen. Tags zuvor hatte Johann T'Serclaes von Tilly, Heerführer der Katholischen Liga und des Kaisers, die Festung Calenberg eingenommen und sich dann Seelze zugewandt. Tillys Männer täuschen den einen Vorposten, überrollen einen anderen. Als im Lager Seelze Alarm gegeben wird, ist es praktisch zu spät. Der dortige Befehlshaber, Herzog Friedrich von Sachsen-Altenburg, versucht einen Gegenangriff und scheitert. Michael von Obentraut, von einem Reiter informiert, will Altenburg zu Hilfe eilen und scheitert ebenfalls: In dem unübersichtlichen Kampfgetümmel bekommt er mehrere Pistolenkugeln ab, gerät in Gefangenschaft und stirbt bald darauf. Die Schlacht bei Seelze endet mit der Flucht der dänischen Seite. Friedrich von Altenburg wird eingeholt und durch einen Kopfschuss getötet.

All das kann Norbert Saul aus dem Kopf erzählen. Etliche Daten und Fakten aus dem Leben des Mannes, an den die sechs Meter hohe,

Sechs Meter Sandstein, vom Bruder gestiftet: Das Obentraut-Denkmal in Seelze.

schmale Pyramide des Obentraut-Denkmals mitten in Seelze erinnert, kennt er offenbar auswendig. Auf dem kurzen Weg vom Denkmal zum Seelzer Stadtarchiv berichtet Saul von anderen Gedenkorten in der Stadt und hat innerhalb von drei Minuten vier historische Jahreszahlen genannt und eine Bemerkung zum Lüneburger Erbfolgekrieg gemacht. So so, Lüneburger Erbfolgekrieg. „1385“, sagt Norbert Saul. Aha.

Saul ist studierter Geschichtslehrer. Aber er hat Geschichte nicht unterrichtet, wegen der Lehrerschwemme damals, in den 80er-Jahren. Stattdessen ist er in den Job des Seelzer Stadtarchivars erst hineingerutscht und dann hineingewachsen, und heute wäre es schiere Dummheit, zur Regionalgeschichte irgendwen anderes zu fragen als ihn.

Obentraut stammte aus der Pfalz, erzählt Saul, war 1574 in Heddesheim bei Kreuznach zur Welt gekommen. Calvinist, erst Jurastudent, dann Soldat. Nicht reich, aber ein kriegserfahrener Mann. 1622 begegnete er zum ersten Mal Tilly in der Nähe von Wiesloch und schlug sein Heer vernichtend. Von da an hatte er immer mal wieder mit dem Feldherrn der Katholischen Liga zu tun. Vor der Schlacht bei Seelze vertrieb Obentraut die Tilly-Truppen vor Nienburg an der Weser und wird seitdem dort als Befreier der Stadt gefeiert. Danach kam es dann im November zu der Konfrontation bei Seelze, bei der der Offizier sein Leben lassen musste. Tilly schrieb einige Tage nach dem Gefecht in einem Brief, der Tod Obentrauts sei der eigentliche Erfolg dieser Schlacht gewesen.

Kennt die Geschichte des „deutschen Michel“ genau: Stadtarchivar Norbert Saul.

Die Dänen, erzählt Saul, verhandelten vier Monate, bis die Leiche Obentrauts von Tilly herausgegeben wurde. Sie wurde in der hannoverschen Ägidienkapelle aufgebahrt und dann beigesetzt, ein Jahr später in die heutige Marktkirche umgebettet.

Er war ein Held. Seine Stellung und seinen Aufstieg, betont Saul, habe Obentraut allein sich selbst zu verdanken, – keiner Hochwohlgeborenheit, keinem Vermögen, keiner Protegierung. Bei den Geschichtsschreibern des 17. Jahrhunderts habe sich der Offizier einer enormen Bekanntheit erfreut. „Aber er steht meines Wissens heute in keinem Geschichtsbuch", sagt Saul.

Norbert Saul ist zwar ein gewissenhafter Historiker. Aber er kann nichtsdestotrotz über Dinge sprechen, die nicht so ganz genau belegt sind. Er flicht dann ein, dass es sich um eine Legende handeln könnte. Beispielsweise die Geschichte, dass Obentraut nach seiner Verwundung in die Gaststätte Alter Krug in Seelze gebracht worden und dort gestorben sein soll – weswegen es in dem Lokal auch ein „Obentraut-Zimmer" gab. Oder dass der Sterbende gegenüber Graf Tilly noch zur Poesie fähig gewesen sein soll. Seine letzten Worte waren angeblich: „Auf solcher Wiese pflückt man solche Lilien." Oder dass Obentraut, von dem Überraschungsangriff Tillys aus dem Schlaf gerissen, sich mit nur einem Stiefel und ohne Helm aufs Pferd und in den Kampf geworfen habe. Norbert Saul lacht ein bisschen bei dem Thema. Am Obentraut-Denkmal finden sich nämlich auch ein überdimensionaler Stiefel aus Bronze und ein Helm aus Eisen, von Spendern gestiftet. Saul nennt dergleichen „Folklore". Aber dann zitiert er noch einen Seelzer Kinderreim: „Obentraut, du starker Held, liegst begraben im Seelzer Feld. Mit einem Stiefel und einem Sporn hat Obentraut sein Leben verlorn."

„Er steht meines Wissens heute in keinem Geschichtsbuch."

Als ebenfalls nicht belegt, aber wohl etwas weniger legendenhaft, beurteilt Norbert Saul eine andere Schilderung. Um 1620 kämpfte Obentraut im Dienste des pfälzischen Kurfürsten gegen die Spanier, und er hielt sie derart mit überraschenden Vorstößen und Ausfällen auf Trab, dass sie ihn respektvoll „Miguel Aleman" genannt haben sollen. Und das soll die Geburtsstunde der Gestalt des deutschen Michel gewesen sein. Der wird zwar heute oft als naiver Tropf dargestellt, oder auch als bauernschlau. Im 17. Jahrhundert galt die Figur aber eher als tugendhaft und ehrlich. In der Zeit vor dem

Revolutionsversuch von 1848 wurde der deutsche Michel zu einer politischen und nationalen Figur, die bildhaft für „das Volk“ stand.

Das Obentraut-Denkmal in Seelze stammt vom hannoverschen Bildhauer Jeremias Sutel, der es 1630 fertiggestellt hat. Auftraggeber für die Sandsteinpyramide war Obentrauts Bruder Conrad Nikolaus – und er hat offenbar kein Kriegerdenkmal gewollt, wie es damals gang und gäbe war, sondern ein persönliches, denn die Inschrift geht weder auf das Scharmützel noch die anderen Opfer ein, sondern würdigt den (in deutscher Übersetzung des lateinischen Textes) „unerschrockenen, sehr edlen und heldenhaften Herrn Johann Michael von Obentraut“.

Übrigens gibt es in der Nähe des Denkmals eine kleine Erklärungstafel, auf der als Todestag Obentrauts der 25. Oktober 1625 vermerkt ist. Sollte Norbert Saul sich vertan haben mit seiner Version des 4. November? Der Historiker lächelt. Nein, er hat sich nicht vertan. Der 4. November war der 25. Oktober. Ersterer nach dem von den meisten katholischen Staaten 1582/83 eingeführten und heute gültigen Gregorianischen, Letzterer nach dem damals von den evangelischen Territorien weiterhin verwendeten Julianischen Kalender.

Bert Strebe

So geht’s zum Obentraut-Denkmal:

Die Pyramide steht an der Hannoverschen Straße etwa in Höhe von Hausnummer 41 zwischen den Einmündungen Beethovenstraße und (natürlich) Obentrautstraße.

Mitten auf der Kreuzung: Bernd Ellerbrock und die Alte Fahrt, unten die Leine.

38

Alte Fahrt

Wasser über Wasser

Das neue Bauwerk ist schwer beeindruckend. Das alte ist schön. Das neue ist praktisch und belastbar. Das alte ist schön. Das neue ist zukunftsfähig und auf dem Stand der Technik und effizient. Das alte ist: schön.
Findet auch Bernd Ellerbrock. Obwohl ja beides, der alte wie der neue Bau, Ingenieurmeisterleistungen sind: Da fließt tatsächlich mit Hilfe dieser Bauwerke ein Gewässer über das andere hinweg. Der Mittellandkanal über die Leine. Bei Seelze. Eine Wasserkreuzung. Nein: vier Wasserkreuzungen. Ursprünglich waren es zwei, Kanal über Leine und Kanal über Leinehochwasserüberflutungsgelände – das alte Bauwerk. Dann sind zwei Brücken dazugekommen – das neue Bauwerk.

Bernd Ellerbrock kommt mit einem Mini zum Treffen an der Wasserkreuzung angebraust. Die Minis wirken heute doppelt so groß wie früher. Alles ist ja heute größer als früher. Warum also nicht auch die Schiffe und die Brücken? Für das, was man mittlerweile in einem modernen Kanalfrachter transportieren kann, bräuchte man fast 70 Lkw. Deswegen gibt es die neuen Wasserbrücken in Seelze.

Hier kommt die Leine und unterquert den Mittellandkanal. Die Brücke gehört zum Bauwerk von 1917.

„Trogbrücken", lautet der Fachbegriff. Die alten sind von 1917, ihre Wassertiefe liegt bei drei Metern. „Der Brückenkanal ist zweischiffig mit einer Spiegelbreite von 24 Metern geplant", hatte damals ein „Geheimer Baurat" namens A. Franke in der „Zeitschrift für Bauwesen" vermerkt. Aber die alte Zweischiffigkeit reichte irgendwann nicht mehr: Die neuen Frachter – breiter, länger, größerer Tiefgang – hätten sich nicht mehr begegnen können. Also hat man neue Tröge neben die alten gebaut, weil man die alten nicht hätte erweitern können. Man kann ja nicht einfach so einen Kanal zumachen, schon gar nicht die mit 325 Kilometern längste künstliche Wasserstraße Deutschlands. Auf der Schiffe, die bis zu 135 Metern lang sein können, oder Schubverbände von 190 Metern Länge pro Jahr 22 Millionen Tonnen an Waren transportieren. Die 1999 in Betrieb genommenen neuen Trogbrücken sind 55 Meter breit und vier Meter tief. Dafür wurden 140.000 Kubikmeter Boden bewegt und 18.000 Kubikmeter Beton verbaut.

Wir steigen die Böschung hoch zum Kanal. „Das hier ist die Alte Fahrt", erläutert Bernd Ellerbrock und zeigt auf die Leinequerung von 1917. „Schön, was? Sehen Sie die Nieten?" Die Alte Fahrt ist grün und auf ganzer Länge genietet. Die neue Fahrt ist grün und verschweißt. Sieht glatt und langweilig aus. Da mögen die Kanalschiffer noch so gern durch den moderneren Trog fahren.

Bernd Ellerbrock schreibt schon mal „Grüße vom Kanalarbeiter" unter seine Mails. Er kommt ja auch aus dem Politikbereich (wenn auch nicht aus der Kanalarbeiter-Partei), hat sich in der hannoverschen Kommunalpolitik und dann in der niedersächsischen Staatskanzlei und im Finanzministerium diverse Meriten verdient. Und dann hat er einfach aufgehört. Es reichte ihm mit der Politik. Seitdem fotografiert er und schreibt Bücher und Artikel über Reisen und über (wie er selbst sagt) „Marodes“ und „Knallbuntes“. Aber ganz besonders hat es ihm Wasser angetan. Sein jüngstes Buch heißt schlicht „Der Mittellandkanal“. Darin beschreibt er auch die Wasserkreuzung Seelze.

„Louis Eilers“, sagt Bernd Ellerbrock und macht eine Handbewegung, als wollte er den Stahl des alten Brückengeländers streicheln. Louis wer? „Jetzt sagen Sie nicht, Sie kennen Louis Eilers nicht“, sagt Ellerbrock. Tja, also, hm. Ellerbrock seufzt. „Hannover. Stahlbau. Markthalle Hannover, Eisenkonstruktion der Bahnsteighalle des Hauptbahnhofs. Lindingöbrücke in Stockholm. Schwebefähre Rio de Janeiro.“ Ach so. „Die haben das hier damals gebaut.“ Und jetzt streichelt Ellerbrock wirklich das Stahlgeländer.

„Schön, was? Sehen Sie die Nieten?“

Jedenfalls: Die Alte Fahrt ist zwar alt. Aber immer noch in Benutzung. Nämlich dann, wenn die Neue Fahrt gesperrt und das Wasser abgelassen wird, um alles auf Schäden zu überprüfen. Dann schippern die Pötte wieder durch den Trog von 1917. Die Nieten halten.

Und die Wasserkreuzung hat nicht nur mit Ingenieurkunst, sondern auch mit sonstiger Kunst zu tun. Unter den Flutbrücken finden im Rahmen des Seelzer Musikfestivals „Muse“ regelmäßig Konzerte statt. Die Akustik dort ist fan-tas-tisch.

Bert Strebe

So geht’s zur Alten Fahrt:

In Seelze biegt man in die Mühlenstraße ein und folgt ihr immer geradeaus, vorbei am Betriebshof der Stadt und auch vorbei an dem Schild, das die Durchfahrt nur landwirtschaftlichen Fahrzeugen gestattet. Man bewegt sich dann direkt auf die Alte Fahrt zu.

2
Schlachthof
2
Betreten der
Bahnanlagen
verboten.

Schienen

Mit Salz fing alles an

Direkt am Billerbach in Wehmingen durchschneiden plötzlich Schienen den Feldweg. Sie scheinen nirgendwo hinzuführen – nichts weist auf ihre Funktion hin. Dabei gehören sie zu den wenigen Überresten einer bewegten wirtschaftlichen und politischen Geschichte dieser Region. Verlegt wurden sie bereits Anfang des 20. Jahrhunderts für eine Werkbahn in Richtung Algermissen – als damals an dieser Stelle noch Salz abgebaut wurde.

Die Schienen liegen zwischen dem Stichkanal Hildesheim und dem heutigen hannoverschen Straßenbahnmuseum. Dazu gehören sie mittlerweile auch. Auf rund 170 Hektar zeugen mehrere Hallen und große rote Backsteingebäude von der im Lauf der Zeit höchst unterschiedlichen Nutzung des Geländes: Alles begann mit einem Kalibergwerk, und wo später eine Munitionsfabrik und ein militärischer Versorgungsstandort angesiedelt wurden, „stehen heute 132 Straßenbahnen aus fast ganz Europa", erzählt Bodo Krüger vom Straßenbahn-Museum. „Unsere Sammlung ist die größte in Deutschland und europaweit gehört sie mit zu den drei bedeutendsten."

Ein Grund für die Wahl dieses Standorts war sicherlich, dass das ehemalige Kali-Bergwerk Hohenfels mit seinen weitläufigen oberirdischen Flächen und den noch heute vorhandenen Gleisen beste Voraussetzungen für die Sammlung bot. Schon Ende 1902 kamen hier die ersten Kleinlokomotiven zum Einsatz. Sie brachten das Düngesalz, das aus 600 bis 700 Metern Tiefe herausgeholt wurde, zum Weitertransport nach Algermissen. Als das Bergwerk 1926 die Förderung einstellte, wurden die Gleise verkauft und demontiert. Aber schon knapp ein Jahrzehnt später ging es wieder los: Neue Schienen wurden verlegt und die Strecke reaktiviert. „Die Nationalsozialisten hatten Schacht Hohenfels als geeigneten Standort für eine Munitionsanlage auserkoren."

Schon beim Kalisalz-Abbau kamen Lokomotiven zum Einsatz, wie Bodo Krüger weiß.

Etwa 1000 Frauen und Männer arbeiteten damals auf dem Gelände, rund drei Viertel davon waren Deutsche. Später wurden auch russische Zwangsarbeiter aus niedersächsischen Gefangenenlagern eingesetzt. „Sie fertigten Granaten, die in 600 Metern Tiefe gelagert wurden", hat Bodo Krüger recherchiert. „In den früheren Munitionsarbeitshäusern waren vor allem Arbeiterinnen eingesetzt. Heute fahren unsere Besucher auf einem drei Kilometer langen Rundkurs daran vorbei." Um die flachen Betonbauten herum wachsen dicht beieinander Bäume und Sträucher. „Die hatten die Nationalsozialisten schon 1936 pflanzen lassen – als Tarnung vor möglichen Angriffen während eines Krieges." Und sie sollten damit erfolgreich sein, berichtet der Museumsführer. „Die Alliierten haben die Munitionsfabrik nicht entdeckt, so blieb das Gelände völlig verschont von den Fliegerbomben, die zahlreich über Hannover und Umgebung abgeworfen wurden." Und das, obwohl die Gleise der knapp sechs Kilometer langen Nebenstrecke vom Bahnhof Algermissen bis Hohenfels sicherlich ein eindeutiges Indiz für die Aufklärer gewesen sein müssen, dass hier Bahnverkehr stattfand.

„Die Nationalsozialisten hatten Schacht Hohenfels als geeigneten Standort für eine Munitionsanlage auserkoren."

Als der Zweite Weltkrieg zu Ende war, übernahm die Britische Rheinarmee das Gelände und nutzte es als Versorgungslager. Englisches, kanadisches und belgisches Personal arbeitete dort ebenso wie 700 deutsche Arbeiterinnen und Arbeiter. Sie kamen aus britischen Kriegsgefangenenlagern. „Die Briten räumten auch die unterirdischen Munitionsstätten. Zunächst übernahmen sie diese heikle Aufgabe selbst, bis es zu einer Detonation kam", erzählt Bodo Krüger. „Dann übertrug man diese Arbeit dem eigens dafür gegründeten und heute noch zuständigen Niedersächsischen Kampfmittelbeseitigungsdienst."

Nach dem Abzug der Briten konnten einige der Gebäude als Wohnraum an Aussiedler vermietet werden. „Der größte Teil des Geländes wurde aber bereits 1959 von der Bundeswehr übernommen. Hier wurde eine Versorgungs- und Instandsetzungseinheit stationiert – immerhin bis Ende 1973. Und dann kam das Straßenbahn-Museum ins Spiel", erzählt der Sprecher des Hannoverschen Straßenbahn-Museums.

Der Museumsverein hatte sich im Juni 1970 gegründet. „Drei Jahre später zog der erste Wagen auf das Gelände in Wehmingen." Während der Fuhrpark des Museums wuchs, hielt die damalige Eigentümerin Kali und Salz AG, beziehungsweise später die K+S AG, den Schacht Hohenfels offen. Er sollte im Notfall den Zugang zu dem damals noch aktiven Sehnder Schacht Friedrichshall ermöglichen. „Die allerletzte Einfahrt in das alte Salz-Bergwerk und das Munitionslager erfolgte am 17. Dezember 1984." Seitdem machen hier jetzt Wagen aus fast allen Ländern Europas Station. Darunter Kleinode wie einer von der ersten U-Bahn Budapests aus dem Jahr 1895. „Sechs Jahre ist der Wagen aus Holz und Stahl in edlem k&k-Aussehen in bester sorgfältiger Handarbeit restauriert worden", berichtet Krüger. Mehr als 10.000 Besucher kommen heute jährlich nach Wehmingen, um die historischen Schmuckstücke zu bewundern. Aber kaum jemand weiß, dass die bewegte Geschichte dieses Geländes bereits vor dem Museum beginnt, bei unscheinbaren Schienen, die über einen Feldweg laufen.

Rosa Legatis

So geht's zu den Schienen:

Zu den Gleisen führt ein Feldweg, der von der Straße Am Anger abgeht. Er verläuft parallel zum Billerbach und trifft direkt auf die Schienen. Diese führen bis auf das Gelände des ehemaligen Munitionslagers und heutigen Hannoverschen Straßenbahnmuseums.

Die verschiedenen Geschichten um den Piscina-Stein, die Kirche, die Asseburg und die Lahmannsburg haben Erika Nowak sofort fasziniert.

40

Quadratischer Stein

Vergangenheitsspuren prägen Wassels Bild

Auf der Südseite der Wasseler Kirche ist in die Wand ein quadratischer Sandstein eingefügt, er hat Verzierungen und in der Mitte ein Loch. Wahrscheinlich gehörte er zu einem mittelalterlichen Taufbecken, einer im Boden eingelassenen Vertiefung, die „Piscina", zu Deutsch: Becken, genannt wurde. Ist der „Piscina"-Stein ein letzter sichtbarer Überrest aus der Errichtungszeit? Und wurden vielleicht sogar große Teile der Kirche aus den Steinen einer alten Burg gebaut? „Es ist nicht klar, was wirklich stimmt.

Der Stein ist eine Art Taufstein, und zumindest ein paar Meter weiter war eine Burg. Vor dem Dorf sind außerdem die wenigen Spuren einer zweiten Anlage aus dem Mittelalter, der Asseburg, zu sehen", erzählt Erika Nowak. Sie lebt seit einigen Jahren in Wassel und beschäftigt sich seitdem mit großer Leidenschaft mit der Ortsgeschichte. Jetzt steht sie am Rande des Dorfes und zeigt auf ein Feld: „Wer genau hinschaut, entdeckt, dass die Vegetation hier nicht überall gleich ist. Das passiert, weil sich in der Erde unterschiedliche Materialien befinden. Aus der Luft ist in der Landschaft ein Ring zu erkennen." Über die letzten Jahrhunderte habe kaum jemand diesen historischen Spuren Aufmerksamkeit geschenkt, sodass die wenigen Reste nach und nach weitgehend untergepflügt wurden. „Immerhin sollen die Asseburg und die Burg bei oder sogar unter unserer Kirche aus dem frühen Mittelalter stammen", so die Ingenieurin. Das bedeutet, im kleinen Wassel gibt es geschichtliche Zeugnisse, die weit über Tausend Jahre alt sind.

Möglicherweise stand die Asseburg am Rande einer Handelsstraße, die bis nach Braunschweig führte. „Wer sich die Anlage jetzt aber als imposantes Steingebäude mit Zinnen vorstellt, wird enttäuscht sein. Es waren eher hohe Wälle, zu einem massiven Ring aufgeschüttet, in den sich bei Bedarf die Menschen flüchten konnten. In der Regel war ein solcher Wall nur so hoch, dass ein Reiter auf seinem Pferd dahinter Schutz fand", hat Erika Nowak erfahren. Die Asseburg gehörte vermutlich zur Lahmannsburg unweit der Wasseler Dorfkirche, von der ist heute allerdings nichts mehr zu finden. „Sie soll die Wohnburg der Grafen von Wassel gewesen sein. Wohl eher ein großes Haus – Bernhard I. hat hier wahrscheinlich als Erster gewohnt. Sein genaues Geburtsdatum ist nicht bekannt, sein Name taucht jedoch wiederholt in kaiserlichen Unterlagen unter Kaiser Lothar III. auf. Genauso unklar ist, woher die Familie kam – und es ist nicht einmal gesichert, dass sie von Adel war", erzählt Erika Nowak. Sie lächelt bei diesem Detail über die nicht mehr zu beweisende blaublütige Abstammung der mittelalterlichen Burgherren und -herrinnen.

„Genauso unklar ist, woher die Familie kam – und es ist nicht einmal gesichert, dass sie von Adel waren."

Rätselhafter Stein mit Loch.

Für unsere Geschichte spielt die Wahrheit an diesem Punkt aber gar keine Rolle. Wichtiger ist, dass in Wassel, heute ein ruhiger Ortsteil von Sehnde, während des Mittelalters offenbar reges Treiben herrschte. Reisende kamen über eine Handelsstraße in den Ort, Burgherren entschieden über Wohl und Wehe der Bevölkerung, und eine Wallanlage bot Schutz vor Feinden. Die Wasseler möchten die Legenden um ihre Burgen – es soll unweit des Ortes sogar noch eine dritte gegeben haben – jedenfalls nicht missen. Und die Wahl-Wasselerin Erika Nowak versichert: „Mich hat die Geschichte sofort in ihren Bann gezogen. Jetzt trage ich dazu bei, dass sie noch für einige Zeit weitererzählt wird."

Rosa Legatis

So geht's zum quadratischen Stein:

In Wassel der Rethener Straße folgen und auf den Kirchweg abbiegen. Der Kirchturm ist von Weitem zu sehen, nach wenigen Metern kommt man zur Kirche und zum alten Friedhof. Der quadratische Stein befindet sich auf der Südseite der Kirche. Die Überreste der Asseburg sind direkt am Ortsrand in Richtung Laatzen verborgen.

Als Nachtwächter freut sich Gerd Mestwerdt, dass er Springe und Paris miteinander verbinden kann.

41

Marien-Brunnen

Ein bisschen Paris in Springe

„Was hat Springe mit Paris zu tun?", fragt Gerd Mestwerdt, wenn er als Nachtwächter durch die Gassen und Straßen von Springe geht und vor einem ganz besonderen Brunnen mitten auf dem Marktplatz in der Fußgängerzone stehenbleibt. Dieses Jugendstil-Kunstwerk ist verziert mit großen Trauben, Weinblätter ranken sich um den Baldachin, und aus der Mitte scheinen Fische herauszuspringen. Mestwerdt hat sich mit dem Hintergrund der besonderen Geschichte des Wasserspenders beschäftigt. „Der Brunnen ist ein Geschenk von Dr. Heinrich Seebohm, einem Sanitätsrat hier in der Stadt. Ihm lag die Gesundheit der Bevölkerung sehr am Herzen. Patienten, die von ihm behandelt wurden, mussten nur so viel dafür zahlen, wie sie sich leisten konnten."

Um 1900 klagten zahlreiche Springer – unter ihnen auch Sanitätsrat Dr. Seebohm selbst – über die schlechte Wasserversorgung in der Stadt. Verunreinigtes Wasser sei damals über Holzröhren aus einem Teich herangeführt und in öffentliche und private Brunnen geleitet worden, erzählt der Nachtwächter: „Der Mediziner versprach der Stadtverwaltung bei seiner Silberhochzeit, dass er Springe einen Brunnen spenden würde, wenn es eine ordentliche Wasserversorgung gibt." 1903 war es dann so weit. Springe bekam einen Hochbehälter und Wasserleitungen. Zeit für Seebohm, sein gegebenes Versprechen einzulösen.

Den Brunnen hatte der Sanitätsrat schon vorher erworben. „Es heißt, er hat ihn auf der Weltausstellung in Paris entdeckt. Dem Mediziner gefiel anscheinend das gute Stück so sehr, dass er sich entschied, es zu kaufen", erzählt Gerd Mestwerdt. Angefertigt hatte den Brunnen eine Fabrik für kunstgewerbliche Schmiedearbeiten. Dies belegt eine Rechnung vom 20. Juli 1903. Der Preis für das Geschenk lag danach bei 5.512 Mark. Das Original der Rechnung befindet sich heute im Museum auf dem Burghof.

„Ob dieser Brunnen wirklich in Paris stand, konnte ich nicht endgültig feststellen. Aber es ist eine schöne Geschichte", findet der Nachtwächter. „Genauso wie die um die Frau mit der Kiepe auf dem Baldachin des Brunnens. Heinrich Seebohm ließ sie extra anfertigen." Diese Figur symbolisiert eine Holzsammlerin, die kostenlos so viel Brennholz auflesen durfte, wie sie in ihrer Kiepe, die sie sich über die Schultern geschnallt hatte, tragen konnte. „Später tauften sie die Bürgerinnen und Bürger von Springe ‚Mariechen', nach der Ehefrau des Sanitätsrats." Allerdings ist nicht überliefert, ob das Antlitz der Figur Ähnlichkeiten mit dem ihrer Namensgeberin aufweist.

Die Springer benannten die zarte Figur nach der Ehefrau des edlen Spenders: Marie.

Wie wichtig dem Spender gutes Wasser für die Stadt war, zeigt sich möglicherweise auch in einem der eingelassenen Wappen auf dem

Brunnen: Es ist das Stadtwappen. Die darauf abgebildeten drei Rosen stehen für das gräfliche Haus Hallermund, und die drei Flussläufe erinnern an die Quellen der Haller, die unweit der Stadt entspringen oder entsprangen – heute ist nur noch eine zu sehen und eine ist ganz versiegt. Mestwerdt weiß: „Dieser Nebenfluss der Leine versorgt Springe immer noch mit Trinkwasser."

Unweit vom eisernen Mariechen steht der hölzerne Ratsnachtwächter Heinerich vor dem Alten Rathaus. „1951 kam den Springern die Idee, diese beiden miteinander zu verheiraten. Damals war sie 48 Jahre alt und er 100." Und 2011 feierte die Stadt die diamantene Hochzeit der beiden Kunstwerke – stellvertretend für die Hauptpersonen aus Eisen und Holz übernahm Gerd Mestwerdt gemeinsam mit seiner Partnerin Karla Ertel die Rollen. „Wir wurden von der Standesbeamtin Martina Haugwitz, dem Bürgermeister Jörg-Roger Hische und dem damaligen Ortsbürgermeister Jürgen Trotte am Marktplatz begrüßt. Und Pastor Luckow hielt eine Rede zu unseren Ehren. Das war ein ganz besonderer Moment."

Der Nachtwächter schwärmt ein bisschen, wenn er über das Mariechen von Springe spricht, von der Verbindung zu Paris und von dieser einmaligen Beziehung. Sie ist halt eine ganz besondere Frau, diese zarte Figur oben auf dem Brunnen. Auch wenn Unterlagen im Museum auf dem Burghof Licht ins Dunkel bringen und beweisen, dass die Geschichte ein bisschen anders war: Der Sanitätsrat fand zwar einen Brunnen auf der Weltausstellung in Paris besonders schön, doch er war nur die Vorlage für den Wasserspender, der heute in der Fußgängerzone in Springes Innenstadt steht.

Rosa Legatis

So geht's zum Marien-Brunnen:

Der Marien-Brunnen steht in der Fußgängerzone im Zentrum von Spring nur wenige Meter entfernt von der Kreuzung, an der die beiden Straßen Zum Niederntor und Am Markt aufeinandertreffen.

Genau wie Karin Müller-Rothe sollte der blinde König Georg V. den schweren Schmuckschlüssel in das Schloss einführen – doch stattdessen reichte der Monarch ihn an seinen Sohn weiter.

42

Türschlösser

Griff für einen blinden König

Hinter den dicken Steinen der St.Andreas-Kirche im Zentrum von Springe verbirgt sich eine mehr als 550 Jahre alte Geschichte. Die Mauern haben so einiges erlebt. Sogar richtig Königliches!

Doch eins nach dem anderen. Mitte des 19. Jahrhunderts war das Gotteshaus dringend renovierungsbedürftig. Die Springer Bürger mussten eine schwierige Entscheidung fällen: Abriss oder Investition? Nach einigem Hin und Her, sowohl kühnen als auch zurückhaltenden Entwürfen und unterschiedlichsten Überlegungen war klar: Die St.Andreas-Kirche bekommt eine Generalüberholung. Innen wie außen wurde zwei Jahre lang gehämmert, gesägt, gemauert und gemalt. „1862 war es dann so weit: Die St.Andreas-Kirche war fertig und die Wiedereröffnung sollte ein großes und besonderes Fest werden", berichtet Karin Müller-Rothe, Vorsitzende des heutigen Kirchenvorstands. Dank der Einwohner kam die nötige Summe schließlich zusammen: „Immerhin spendeten zahlreiche Bürger für die Renovierung, denn Stadt und Kirche hatten nicht genug Geld." Alle freuten sich auf das Fest – und auch der König würde teilnehmen.

Am großen Tag erwartete die ganze Stadt ihren Herrscher. Georg V. (1819-1878) sollte die Tür aufschließen. Doch so einfach gestaltete sich das nicht. Denn der König war blind. Schon als Kind hatte Georg V. sein Augenlicht verloren, auf dem linken Auge infolge einer Krankheit und auf dem rechten bei einem Unfall. Karin Müller-Rothe beschreibt, wie die Bürger versuchten, mit der Krankheit des Königs umzugehen: „Deshalb wurden der schwere Schmuckschlüssel und die Türbeschläge von einem Springer Schlosser extra für ihn gestaltet." Direkt unter den Griffen führten zwei eiserne Erhebungen wie ein etwas verschobenes V bis zum Schloss, „so wurde der Schlüssel direkt ins Schloss gelenkt". Heute wird er im Tresor der Kirche aufbewahrt, denn „allein der ideelle Wert ist schon hoch – und es wäre bedauerlich, wenn er uns gestohlen würde", sagt die Kirchenvorsteherin. Die Griffe an den beiden Kirchentüren sehen aus wie ein liegender Drache – die Fabelwesen erinnern an den Namenspatron des Herrschers, den heiligen Georg, den Drachentöter.

Am Tag der Wiedereröffnung reiste der König mit Hofstaat und dem Erbprinzen Ernst-August (1845-1923) also in Richtung Springe. Doch er ließ auf sich warten. „Die Stadt war mit Laubgewinden und Ehrenpforten geschmückt, voller Menschen, die von nah und fern hier zusammengeströmt waren. Leider war das Wetter ungünstig, kalt und windig, so daß die Ehrenjungfrauen, die auf dem Kirchhofe sehr lange auf das Kommen des Königs warten mußten, übel daran waren." Auf diese Weise formulierte Superintendent Bode sein Mitgefühl für die jungen Damen – nachzulesen in den Pfarrakten, die die Orts- und Kreiszeitung zum 50. Jahrestag des Ereignisses veröffentlichte.

Rund eine Stunde lang harrten sie aus, um den Herrscher aus Hannover würdig zu empfangen. Angeblich sollen die Bennigser, die Holtenser und die Weetzener ihn auf seinem Weg aufgehalten haben. „Möglicherweise waren es aber auch königliche Geschäfte, die dafür sorgten, dass er zu spät kam", erzählt die Kirchenvorstandsvorsitzende schmunzelnd.

Als er dann endlich erschien, wurde Georg V. „auf weißem Atlaskissen der Schlüssel überreicht (...). Der König ergriff ihn und reichte ihn weiter, indem dabei seine Hand vom Kronprinzen geführt wurde". So steht es in einer Broschüre über die St.Andreas-Kirche. Die speziell für den blinden Herrscher angefertigten Türbeschläge, in die er den Schlüssel hätte stecken können, wären also gar nicht nötig gewesen. Bei den gesamten Renovierungskosten von 9609 Talern statt der veranschlagten 5500 Taler war dies jedoch bestimmt nur ein geringer Betrag.

In der Kirche hatte sich durch die Rundumerneuerung viel getan. So wurde der West-Eingang verschlossen, das Gewölbe neu gestrichen und ein Altar angefertigt – von Carl Dopmeyer (1824-1899) gestaltet. Der gebürtige Springer Bildhauer hat unter anderem in Hannover die große Luther-Statue vor der Marktkirche entworfen.

Nach dem Festgottesdienst gab Georg V. im Jagdschloss ein Essen für die feine Springer Gesellschaft. Karin Müller-Rothe: „Hiermit wollte der König seine hohe Anerkennung für die wirklich große Opferwilligkeit, welche die Gemeinde beim Bau der Kirche gezeigt hatte, ausdrücken." Denn die reichen und anerkannten Persönlichkeiten der Stadt spendeten nicht nur Geld, sondern sie verzichteten beispielsweise auch auf ihre angestammten Bänke. „Springes Einwohnerzahl wuchs, der Platz wurde im Gottesdienst gebraucht – so konnte er geschaffen werden."

Mittlerweile sind selbst diese Bänke durch andere ersetzt worden. Rund 400 Menschen finden Platz in den Gottesdiensten. Und nur die wenigsten wissen, dass sie beim Öffnen der Kirchentüren dafür königliche Türgriffe benutzen.

Rosa Legatis

So geht's zu den Türschlössern:

Die St. Andreas-Kirche steht im Zentrum von Springe direkt hinter der Fußgängerzone in der St.Andreas-Straße. Die Türschlösser befinden sich an beiden Kirchentüren.

Peter Doms mit dem Findling, der an den Großbrand erinnert. Der Stein wurde 50 Jahre nach der Katastrophe aufgestellt.

Findling

43

Wo der Herr nicht die Stadt behütet

Die Katastrophe kam nicht ohne Vorwarnungen. Sie wurden bloß nicht ernst genommen. Ein Uetzer Bauer ging kurz vor dem Unheil mit seinem Onkel an einem Haus vorbei, dessen Dach gerade repariert wurde, und erinnerte sich an eine Prophezeiung: Wenn auf diesem Hause ein Dachdecker arbeite, werde es einen großen Brand geben. Der Onkel fragte seinen Neffen, ob er solchen Unsinn glaube. Der Neffe hatte zudem Holz auf dem Hof liegen, er wollte eine neue Scheune errichten. Ein alter Mann aus dem Ort wurde der Balken und Latten ansichtig und sagte, ihm tue es um das schöne Bauholz leid, das werde ja auf dem Hof verbrennen. Den Bauern trieb das um, aber seine Frau tat es als Spökenkiekerei ab.

Und so blieb das Holz liegen. Bis es am nächsten Tag verbrannte. Wie nahezu das ganze Dorf.
„Alles hier“, sagt Peter Doms, der Vorsitzende des Uetzer Heimatbundes, „lag in Schutt und Asche.“ Doms beschreibt einen Kreis mit der Hand, der den heutigen Ortskern umschließt. „Damals war das fast das komplette Dorf“, sagt er. „Sogar die Kirche. Nur wenige Gebäude blieben verschont, darunter der Junkernhof und das angrenzende Gasthaus Neuer Garten.“ Der Junkernhof, das war der Kern des alten Uetzer Ritterguts.

Der Psalm mahnt: Gedenktafel im Stein.

Die Dorfchronik beschreibt, was an dem Tag passiert ist. Es ist der 21. April 1863. Durch eine Unachtsamkeit gerät ein Ziegenstall in Brand. Der Westwind bläst die Flammen zu den Nachbarhäusern. Es dauert 30 Minuten, dann lodert der halbe Ort. Die Menschen versuchen, ihren Besitz ins Freie zu bringen und aus dem Gefahrenbereich zu schaffen. Die Glut aber greift auch auf gerade beladene Kutschwagen über, die vor den Häusern stehen. Nahe der Mühle bleiben von einem Wagen voller Mobiliar nur die Eisenteile übrig. Die Wassermühle selbst wird ein vollständiger Raub der Flammen, mit allen Gebäuden und auch den Schaufelrädern, jedenfalls den Teilen, die oberhalb des Wasserspiegels liegen. Der Wind lässt nicht nach: „Brennende Aktenstücke von der Pfarre“, vermerkt die Chronik, „sowie ein handgroßes Stück Speck waren beim Dorf Eddenbüttel, also 18 km von Uetze entfernt, niedergefallen.“

Es ist ein einziges Inferno. Flammen prasseln, Mauern bersten, Kinder weinen, Erwachsene schreien, Vieh blökt. Menschen, die aus dem einen Teil des Dorfes herbeigeeilt sind, um denen im anderen Teil beim Löschen zu helfen, kommen zurück und finden von ihrem eigenen Haus nur noch rauchende Asche vor. Die erst 25 Jahre zuvor erbaute Kirche stürzt ein. Ein Augenzeuge hat es so beschrieben: „Als wenn der König mitten zwischen seinen Soldaten erschossen wird.“ Die Glocke schmilzt in der Hitze.

Am Ende sind zwei Menschen tot. 84 Wohnhäuser sind zerstört, 555 Menschen obdachlos.

„Es muss grauenvoll gewesen sein", sagt Peter Doms. „Aber viele von außerhalb haben den Uetzern dann geholfen." Die Leute aus den Nachbarorten bringen Decken und Zelte, Lebensmittel und Heu. Nachbargemeinden schicken Geld, einige Institutionen eisen Spenden los, das Königliche Kultusministerium bezuschusst den Wiederaufbau der Kirche . „Man durfte im Gottesdienst sogar einen zweiten Klingelbeutel herumgehen lassen, um Extrakollekte für die Kirche zu sammeln", erzählt Peter Doms. „Hat die Kirchenverwaltung in Hannover großzügig genehmigt." Und als Peter Doms „großzügig" sagt, zieht ein Hauch Ironie durch seine Stimme.

Altarsilber vom König: Die Uetzer Kirche wurde nach dem Großbrand von Baumeister Hase neu errichtet.

Beinahe länger als von dem Großbrand haben die Uetzer von dem Besuch des Königs nach dem Feuer geredet. Seine Majestät Georg V., der letzte König von Hannover, kam am 3. Mai, geführt von seinem Sohn Ernst August – Georg war schon in jungen Jahren erblindet. Der Chor sang, der Pastor sprach. Georg ließ sich in die Kirchenruine führen und das Desaster schildern. „Ach, Vater, wenn du dies sehen könntest", sagte Ernst August. Der König befahl, dass alle militärdienstleistenden jungen Uetzer sofort zu beurlauben seien für die Wiederaufbauarbeiten. Er spendete 100 Louisdor (was heute, nach dem reinen Materialwert der Goldmünzen, 20.000 Euro entspräche). Für die Kirche steuerte der König neues Altarsilber bei, und außerdem bekam jeder Brandgeschädigte eine Bibel und ein Gesangbuch, in Leder gebunden, mit dem Namenszug des Monarchen. „Das wird sehr geholfen haben", sagt Peter Doms. Hören wir da ein weiteres Mal diese leise Ironie?

Peter Doms erzählt die ganze Geschichte (durchaus sehr ernsthaft) auf dem Uetzer Kirchhof, in Griffweite eines übermannshohen Findlings, aufgestellt 50 Jahre nach dem Brand. In den Stein eingelassen ist eine Tafel, die an das verheerende Feuer erinnert. Erwähnt wird dabei Psalm 127, Vers 1. Er lautet: „Wo der Herr nicht das Haus baut, so arbeiten umsonst, die daran bauen. Wo der Herr nicht die Stadt behütet, so wacht der Wächter umsonst."

„Alles hier lag in Schutt und Asche."

Die Hausbauer nach dem Brand dürften behütet gewesen sein. Die Kirche wurde von Conrad Wilhelm Hase errichtet, königlicher Baurat zu Hannover und einer der Großmeister seines Fachs. Und so sieht die Kirche auch aus.

Was die seltsamen und unbeachteten Ankündigungen der Katastrophe angeht – die sind nicht nachträglich aufgeklärt worden. Ebenso wenig wie die Tatsache, dass in einem Großfeuer 81 Jahre zuvor, das schon einmal den halben Ort vernichtet hatte, ebenfalls der Gutshof verschont blieb. Und dass das Feuer seinerzeit vom Hof derselben Familie ausging, bei der auch 1863 die Flammen zuerst ausbrachen.

Bert Strebe

So geht's zum Findling:

In der Kirchstraße in Uetze sieht man links die Kirchhofmauer. Daran entlanggehen bis zum Durchlass auf den Hof. Der Findling steht, etwas eingewachsen, neben dem Kirchenschiff.

Alles gelogen: August hat das Haus gekauft, nicht gebaut.

44

Herzogentafel

Die kupferne Hand

Es ist schon eine spektakuläre Geschichte, die sich hinter dieser kleinen Tafel über der Tür des Hauses Kaiserstraße 37 in Uetze verbirgt. Und sie beginnt mit einer Lüge – wenn auch vielleicht einer lässlichen: August der Ältere, Herzog von Braunschweig-Lüneburg (1568-1636), der sich da hat verewigen lassen, habe das Haus gebaut, behauptet die Tafel. „Aber es stimmt nicht, was da steht", sagt Peter Doms. „Der Herzog hat das nicht gebaut. Nicht mal bauen lassen. Er hat es bloß gekauft."

Peter Doms erzählt das mit einem leichten Blitzen in den Augen. Der Vorsitzende des Uetzer Heimatbundes ist offenbar jemand, der die kleinen ironischen Wendungen, die manchmal unter der Oberfläche einer Geschichte liegen, sehr mag. Und in diesem Tonfall berichtet er auch die ganze Episode, die sich damals zugetragen hat. Wobei Doms dann aber schon sehr mitfühlend klingt, als der Sachverhalt blutig wird.

Gebaut hat das malerische, mittlerweile aber etwas renovierungsbedürftige Gebäude in der Uetzer Kaiserstraße, das den beinahe poetischen Namen „Neuer Garten“ trägt, ein Vogt, ein Staatsbeamter. Er hieß Christoph Utermark. Von wann bis wann er gelebt hat, wissen wir nicht, aber wir wissen, dass er von 1603 bis 1640 Vogt war. Er hatte der damals in der Gegend ansässigen Familie derer von Saldern Geld geliehen und wurde nach einer Weile mit einem Bauplatz im – das ist dann deutlich weniger poetisch – Kohlgarten des örtlichen Gutes entschädigt. 1613 entstand das Fachwerkhaus, 1624 erwarb es Herzog August, quasi in einem Aufwasch, weil er das ganze Gut Uetze gekauft hatte, für seine Frau Ilse (eine Bürgerliche!).

„Es stimmt nicht, was da steht.“

Zehn Jahre später wurde eine Bierschenke im Neuen Garten eingerichtet. Und da geschah dann Erschröckliches (wie man damals sagte). In der Schenke ging es manchmal schon deswegen hoch her, weil dort regelmäßig Soldaten zu den Bierkrügen griffen, die aus dem in der Nähe liegenden Bothmer'schen Dragoner-Regiment kamen. Junge, drahtige Männer und Uniformträger – Uniform galt seinerzeit als sehr sexy (wie man damals noch nicht sagte). Was das Missfallen all jener jungen Männer aus Uetze erregte, die zwar ebenfalls drahtig, aber keine Uniformträger waren und um die Gunst der Mädchen aus dem Dorf fürchteten.

Am 16. August 1705, berichtet Peter Doms, eskalierte die Situation. Es war voll. Es war heiß. Der Laden brummte, das Blut kochte. Uetzer Bauern und Uetzer Dragoner gerieten in Streit, die Dragoner zogen die Degen. Und ein Dragoner schlug einem Bauern, dem armen Lüder Wrede, die linke Hand ab.

Blut. Drama. Schmerz. Der zu jener Zeit herrschende Herzog Georg Wilhelm (1624-1705), ein milder Landesvater von 81 Jahren, versuchte, das Leid zu lindern. Er ließ für Lüder Wrede eine Prothese aus Kupfer anfertigen. Das war keine so neue Idee, der berühmte Götz von Berlichingen (ca. 1480-1562) hatte schon Anfang des 16. Jahrhunderts eine eiserne Hand bekommen, und er war auch nicht der erste gewesen. Doch das bedeutete kein Happy End. Zunächst einmal starb der Herzog zwei Wochen später. Und Lüder Wrede konnte sich vielleicht an seiner in der Sonne glänzenden kupfernen neuen Linken erfreuen, aber er konnte damit nicht auf dem Feld arbeiten. Da half es auch nicht, dass der degenführende Dragoner und seine Kumpanen zu Spießrutenlaufen und Zwangsarbeit und Begleichen von Wredes Arztkosten verurteilt wurden. Zumal sie Letzteres nicht taten.

Lüder Wrede schrieb einen galligen Brief an des Herzogs Nachfolger, dessen Schwiegersohn Georg Ludwig, der Kurfürst von Hannover war und später als Georg I. englischer König wurde. Er sei doch „von des Herrn Botmers Regiement und unter des Herrn Obrist Haßberger Compagnie zu Uetze ganz Grausam und Unmenschlich, ja fast Barbarisch und tödlich Blessieret worden", schrieb Wrede, „in dem sie mich, Lüder Wrede, die linke Hand abgehauen, daß sie auf der Erde niedergefallen."

Hier drin ging's erst heiß her, dann blutig zu: Peter Doms vor dem Gasthaus Zum Neuen Garten in Uetze.

Wie die Anfrage bei Hofe ausgegangen ist, ist nicht bekannt. Einerseits hatte Georg Ludwig wirklich andere Sorgen, er liebte eine Mätresse anstelle seiner Frau, die ihm untreu war (die Frau), was ihn trotz der Mätresse schmerzte, und all das führte zu Zerwürfnissen und diplomatischen Verwicklungen und Mord und Totschlag. Und hier würde es zu weit führen. Andererseits legte man damals in Adelskreisen Wert auf Gerechtigkeit. Aber selbst wenn der Kurfürst dem blessierten Wrede eine ordentliche Summe geschickt haben sollte, half es dem Bauern nicht. Im Uetzer Kirchenbuch ist vermerkt, Lüder Wrede sei sechs Jahre nach dem Vorfall im Neuen Garten „aus Grämnis" gestorben.

1943 wurde der damals 238 Jahre alte Vorfall von einem Soldaten, der offenbar ebenso viel Talent wie Langeweile hatte, im Innern der

Gaststube Neuer Garten an die Wände gemalt. Zum Zeitpunkt der Drucklegung dieses Buches war die Gaststätte geschlossen, die Bilder aber waren noch da. Doch selbst dann, wenn sie nicht mehr anzuschauen wären, ist Uetze, was Peter Doms nicht zu betonen vergisst, ja immer eine Reise wert. Und zu normalen Behörden-Öffnungszeiten lässt sich sogar die kupferne Hand von Lüder Wrede bestaunen. In einer Vitrine im Rathaus.

Bert Strebe

So geht's zur Herzogentafel:

Die Gaststätte Zum Neuen Garten mit der Tafel über der Haustür befindet sich in der Kaiserstraße 37 in Uetze.

Beim Radeln entdeckt: Hans Georg Bulla und das Getüm auf dem Acker.

45

Brelinger Riese

Sieben Meter hoch: das Getüm von Brelingen

Er ist schon von Weitem zu sehen. Mit einem Wanderstab ausgerüstet, mit einem Hut auf dem Kopf, der irgendwie wie ein Storchennest aussieht. Sieben Meter groß. Er steht an der Straße von Bennemühlen nach Brelingen in der Gemeinde Wedemark kurz vor der Brelinger Ortseinfahrt. Und da gehört er auch hin. Er ist schließlich der Brelinger Riese.

Hans Georg Bulla hat das Getüm – „Ungetüm" kann man es nicht nennen, denn es ist vollkommen friedlich – bei einer seiner Radtouren entdeckt, die er regelmäßig zusammen mit seiner Frau vom Wedemärker Ortsteil Mellendorf aus unternimmt. Vor ein paar Jahren stand der große Kerl plötzlich da. Bis dahin hatte er über Jahrhunderte ein eher schattenhaftes Dasein geführt, erst in den Geschichten der Wedemärker Großmütter abends beim Feuer, später in den Legendenbüchern. Mit dem Aufkommen des Fernsehens ist er bei der Bevölkerung beinahe in Vergessenheit geraten, der arme Brelinger Riese. Aber dann schritt das kreative Landwirtspaar Fritz Schröter und Bärbel Sänger aus Brelingen ein. Die beiden verstehen sich auf Stahlgestelle und Weidenrutenflechten. Und so haben sie den Brelinger Riesen aus der Versenkung (beziehungsweise aus dem Vergessen) geholt und ihm eine Gestalt gegeben und ihn mitten auf einen Acker gestellt, weithin sichtbar.

Hans Georg Bulla erzählt die Legende dazu (und er kann gut erzählen, er schreibt nämlich Bücher): „Einst lebte hier der Brelinger Riese, sieben Meter groß. Er lief immer durch die Wedemark, den Hut auf dem Kopf, den Stock in der Hand. Nun ist das ja eine sandige Gegend hier. Deswegen merkte er eines Tages bei einer seiner Wanderungen, dass er Sand in seinem Schuh hatte. Der Riese zog den Schuh aus und kippte den Sand heraus – so entstanden die Brelinger Berge."

Sieben Meter hoch, aus Stahl und Weidengeflecht: der Brelinger Riese.

Man muss dazusagen, dass es sich nur aus der Perspektive eines Flachlandeuropäers um Berge handelt. Eigentlich reden wir von Erhebungen. Von einer sanften Hügellandschaft. Der höchste Berg ist 92 Meter hoch, eine sogenannte Stauchendmoräne, aufgetürmt durch Gletschereis vor 230.000 Jahren. Deswegen gibt es in der Nähe des Riesen, ein Stückchen näher an Bennemühlen, auch einen „Eiszeitlichen Erlebnispfad".

Der Ort Brelingen selbst hat eine – nun ja: nicht gerade eiszeitliche, aber doch eine lange Geschichte. Brelingen war ein Bauerndorf, wurde im Jahre 990 zum ersten Mal urkundlich erwähnt. Um 1200 wurde die Kirche erbaut, die dann 300

Jahre später abgerissen und neu hochgezogen wurde, dasselbe wiederholte sich Mitte des 19. Jahrhunderts noch einmal. Heute gehört der Ort zur Gemeinde Wedemark.

Zurück zu unserem Riesen. Es gibt – wie das bei Legenden so ist – noch andere Varianten der Geschichte. Eine geht, wie Hans Georg Bulla erzählt, so: „Vor langer Zeit kämpften zwei Riesen in der Nähe von Brelingen miteinander. Sie bewarfen sich mit Felsen. Dann stürzte einer, starb und wurde unter den Steinen begraben. Die Brelinger Berge sind nichts anderes als das Hügelgrab des toten Riesen."

Übrigens gibt es noch Fassungen des Stoffs, die sind keine Legenden, sondern Geschichten in einem Kinderbuch der hannoverschen Autorin und Grafikerin Anja Weiss. „Wo einst die wilden Riesen hausten", heißt es. Darin hört ein Riese in der Heide eines Tages ein Geräusch, als würde sein Cousin in Brelingen seinen Backtrog säubern. Der Riese startet sofort, um etwas von dem Brot abzubekommen. Unterwegs füllen sich seine Stiefel mit Sand – der Rest ist bekannt. Nur das Ende nicht: Als der Riese beim Cousin ankommt, hat der gar nicht gebacken. Er hat nicht mal den Trog gesäubert. Er hat sich bloß am Kopf gekratzt. Das war es, was der andere Riese gehört hatte.

„Der Riese zog den Schuh aus und kippte den Sand heraus – so entstanden die Brelinger Berge."

Eines muss noch erwähnt werden: Der Weidenrutenriese ist nicht nur bei Heimatkundlern und Radlern beliebt. Sondern auch bei Vögeln. Sie nisten in dem Geflecht.

Bert Strebe

So geht's zum Brelinger Riesen:

Der Brelinger Riese findet sich ein Stück hinter dem Brelinger Ortsausgang auf der K 104 Richtung Bennemühlen links auf dem Acker.

Gefunden: Hans Georg Bulla hat das Quitmeyer-Haus entdeckt, in dem der Geigenbauer Karl Montag lebte.

46

Quitmeyer-Tafel

Versteckter Fingerzeig auf ein Genie

„Das ist es", sagt Hans Georg Bulla und zeigt auf das graue Gebäude im Wedemärker Ortsteil Wennebostel. „Da hat Karl Montag gewohnt." Das Haus ist schon etwas in die Jahre gekommen. An der Stirnseite hängen zwei verwitterte Schützenscheiben, darüber befindet sich eine ins Mauerwerk eingelassene Tafel. *Quitmeyer*, steht darauf, außerdem die Vornamen *Heinrich* und *Hedwig* und eine Jahreszahl: *1947*.

Die Tafel, die auf die Erbauer des Hauses, die Quitmeyers, hinweist, ist zugleich ein versteckter Fingerzeig. Auf ein Genie. Denn Hedwig und Heinrich Quitmeyer haben ein paar Jahre nach Fertigstellung ihres Hauses einen Untermieter aufgenommen. Und dieser

Untermieter, Karl Montag, war einer der bedeutendsten deutschen Geigenbauer des 20. Jahrhunderts. Was heute fast niemand mehr weiß.

Hans Georg Bulla, Jahrgang 1949, ist Schriftsteller. Er wohnt seit Jahrzehnten in der Wedemark, im Ortsteil Mellendorf. Anfang 2016 macht er sich ins örtliche Richard-Brandt-Heimatmuseum im Ortsteil Bissendorf auf, um ein paar Dinge zu Gottfried August Bürger (1747-1794), dem Balladendichter, in Erfahrung zu bringen, der sich häufiger in Bissendorf aufgehalten hat und von dem die bekannteste Version der Geschichten um den „Lügenbaron Münchhausen" stammt. Und was findet Bulla? Natürlich Informationen über Bürger. Aber außerdem noch die Geschichte einer ganz anderen Person. Die von Karl Montag.

Tafel am quitmeyerschen Haus.

Und dieser Herr Montag war ein Geigenbaugenie. „Er hat eine ganze Reihe von bemerkenswerten Violinen gefertigt", sagt Hans Georg Bulla, „und zwar als Autodidakt!"

Bis dahin war es allerdings ein weiter Weg. Montag stammte aus dem Saarland, dort wurde er 1917 geboren. In der Wehrmacht war er nur kurz. Wie genau er das gemacht hat, ist unklar, sicher ist nur: Er hat sich kritisch zum Nationalsozialismus geäußert, und was ihn wenig später den Kopf gekostet hätte, hat nur dazu geführt, dass er aus der Wehrmacht flog. Dann studierte er Kunst in Leipzig, den Krieg über hielt er sich als Barmusiker und mit dem Verkauf von ein paar Ölbildern über Wasser. Nach 1945 blieb er eine Weile in der sowjetischen Zone, konnte sich mit dem dortigen System aber nicht anfreunden. So kam er Anfang der 50er-Jahre nach Wennebostel.

Wo genau Montag in dem Dorf unterschlüpfte, ist Hans Georg Bulla zunächst nicht ganz klar. Im Heimatmuseum findet er schließlich den versteckten Hinweis, der Geigenbauer habe „im quitmeyerschen Haus" gewohnt – allerdings fehlt eine genaue Adresse. Einiges Herumfragen im Ort führt schließlich zum Gebäude in der Straße Am Rahlfsberg, Hausnummer 4 – und da entdeckt Bulla die Tafel am First.

Diese Tafel war ja auch schon da, als Karl Montag in dem Haus gelebt hat. Seine Wohnung in dem Gebäude war allerdings eine eher bescheidene Bleibe. Die Behausung entsprach Montags finanziellen Mitteln. Seinen Lebensunterhalt bestritt er mehr schlecht als recht mit Musikunterricht, dem einen oder anderen verkauften Bild und Gelegenheitsjobs.

In jenen Jahren in Wennebostel erwachte Karl Montags Interesse am Geigenbau. Handwerklich begabt war er, hatte auch kleine Erfindungen gemacht, hatte beispielsweise eine Drahtbindezange und auch ein Gerät zum Abrollen von Draht entwickelt. Aber seine Bestimmung fand er erst, als er sich den Violinen zuwandte.

Und wie er das tat! Die Cremona-Schule hatte es ihm angetan, die Geigen von Stradivari und Co. Montag las Bücher zum Geigenbau. Er besorgte sich nicht allzu wertvolle Geigen, nahm sie auseinander und studierte ihr Innenleben. Und er schreckte auch vor kostspieligeren Exemplaren nicht zurück: Im 19. Jahrhundert hatte sich der französische Geigenbauer Jean-Baptiste Vuillaume einen Namen mit Stradivari-Kopien gemacht. Manche dieser Instrumente ließ Vuillaume im Backofen künstlich altern – das funktionierte eine Weile, dann verlor die Geige jedoch ihren guten Klang. Ein solches Instrument nahm Karl Montag ebenfalls auseinander, um es zu untersuchen.

„Er hat eine ganze Reihe von bemerkenswerten Violinen gefertigt, und zwar als Autodidakt!“

Und dann setzte er sich an seine eigenen Exemplare. Er verfuhr nach dem Prinzip Learning by Doing. Dabei verließ er sich auch auf sein Gehör. Hatte er eine Geige fertig, spielte er sie, über Wochen, und horchte darauf, welche Töne gut klangen und welche nicht. Dann öffnete er das Instrument wieder und schmirgelte hier oder da eine hauchdünne Schicht vom Holz ab, um bestimmte Töne klarer hinzubekommen. Oder er veränderte die Lackrezeptur. Anschließend wurde die Geige wieder verleimt, und alles ging von vorn los – bis sämtliche Töne stimmten. Karl Montag soll einmal sogar, als er eine echte Stradivari in Händen hielt, heimlich daran geleckt haben, weil er hoffte, über den Geschmack hinter das Geheimnis des Lacks zu kommen.

Ob ihm das gelungen ist, ist nicht überliefert. Aber klar ist, dass Karl Montag einer der genialsten Geigenbauer des 20. Jahrhunderts war. Er hat lediglich 19 Exemplare gebaut. Seine aufwändige Arbeit am einzelnen Instrument ließ nicht zu, dass er mehr als eine Violine pro Jahr schaffte – für die erste brauchte er sogar sieben Jahre. Aber die Arbeit lohnte sich. Geigengrößen wie Igor und David Oistrach, Isaac Stern und Yehudi Menuhin und auch der zeitgenössische Violinist Gidon Kremer lobten die Instrumente. David Oistrach schrieb in einer Expertise, der Ton des Montag-Instruments sei „hervorragend und edel". 1979 analysierte die Physikalisch-Technische Bundesanstalt in Braunschweig die Resonanzkurven von Stradivari- und Montag-Geigen. Ergebnis: hohe Übereinstimmungen.

Zu dem Zeitpunkt wohnte der Geigenbauer schon lange nicht mehr im quitmeyerschen Haus. Nach einem Zwischenaufenthalt in einer Sozialwohnung der Gemeinde Wedemark war er 1974 nach Warpe nördlich von Nienburg gezogen, wo ihm ein Galerist auf einem ehemaligen Hof Räumlichkeiten für eine Werkstatt überließ.

Karl Montag starb 1982 in Hannover. Arm ist er zeit seines Lebens geblieben. Geld war ihm einfach nicht wichtig genug. Angeblich soll er sogar Leute, die ihm 60.000 Mark für eine seiner Geigen boten, wieder weggeschickt haben.

Heute bemüht sich die Karl-Montag-Gesellschaft, nach seinem Tod von Freunden gegründet, um den Wiederankauf von Montag-Instrumenten, die dann auf Zeit an junge talentierte Musiker ausgeliehen werden. Und das Bissendorfer Heimatmuseum hat große Teile von Montags letzter Werkstatt in Warpe gerettet und stellt sie aus – diese Stücke sind es, die Hans Georg Bulla animiert haben, sich mit Montags Geschichte zu befassen. Auch Montags unvollendete letzte – die 20. – Geige ist im Museum zu besichtigen.

Bert Strebe

So geht's zur Quitmeyer-Tafel:

Das Haus, in dem Karl Montag lebte, steht unter der Adresse Am Rahlfsberg 4 in Wennebostel in der Wedemark. Es ist ein Eckhaus. Die Tafel findet sich am First auf der Seite der Straße An der Bahn.

Für Winfried Gehrke wird die Sage um den tapferen königlichen Hofjäger Elten am Gedenkstein fast lebendig.

47

Gedenksteine

Doppelmord im Deister

Es geschieht im Deister. An einem frühen Vormittag im März des Jahres 1835. Nur das Rauschen der Buchen und Tannen ist zu hören, Vogelgezwitscher. Da fallen Schüsse – zwei Männer sterben. Sofort entstehen Gerüchte, von einem Doppelmord im Deister ist die Rede.

Viele Jahrzehnte hält sich diese Sage. Sogar ein Gedenkstein wird errichtet, der bis heute an einen der beiden Toten erinnert, ebenso wird ein Rundweg nach ihm benannt. „Namensgeber ist der königliche Jäger Eduard Elten. Dieser ist heldenhaft im Dienst verstorben", erzählt Winfried Gehrke. Der gebürtige Wennigser hat sich mit großer Leidenschaft in die Erforschung des damaligen Ereignisses gestürzt. „Schon mein Vater hat mir vom Schicksal des Jägers Elten und dem sogenannten Doppelmord im Deister erzählt. Seitdem interessiere ich mich für die Geschichte."

Im frühen 19. Jahrhundert war Wilderei zwar nichts Besonderes, denn Hunger und Not ließen viele Menschen zu Wilderern werden. Doch es war auch gefährlich. Eigentlich durften nur der Landesherr und seine Jäger im Wald jagen. Nur dieser – nicht der Grundbesitzer – hatte damals die alleinige Jagdhoheit. Im Deister übten die Könige von Hannover und England das Jagdrecht aus. Wer dennoch Wild tötete, dem drohten massive Strafen, sogar die Todesstrafe war möglich.

Für seinen heroischen Einsatz im Kampf gegen die Wilderei bekam Eduard Elten ein Staatsbegräbnis.

Allerdings trieb vor rund 180 Jahren anscheinend eine regelrechte Bande ihr Unwesen im Deister, „sodass sich der Jägerhof Hannover genötigt sah, dem ein Ende zu setzen", folgert Gehrke. „Deshalb wurde Eduard Elten mit drei weiteren Männern beauftragt, die Wilddiebe möglichst auf frischer Tat zu erwischen." Am 1. März kam es dann mitten im Wald zu der schicksalhaften Begegnung. „Es wird kurz nach dem Frühstück gewesen sein. Wahrscheinlich hörten Elten und seine Helfer einen Schuss und versuchten, den Wilddieb zu stellen." Der königliche Jäger und seine Gefährten verteilten sich dafür im Gelände. So geschah es, dass Elten allein dem mutmaßlichen Wilderer gegenüberstand. Gehrke geht davon aus, dass der Wilddieb als Erster schoss: „Daraufhin sank der tödlich getroffene Jäger nieder und noch im Todeskampf konnte er angeblich sein Vorderlader-Gewehr erheben und den Wilddieb Friedrich Wilhelm Meyer aus Münder mit einem Schuss niederstrecken." Dass sich die Geschichte so zugetragen hat, sei jedoch ziemlich unwahrscheinlich. „Das Gewehr hätte dafür erst unter einigem Aufwand geladen werden müssen", weiß der Wennigser.

Wahrscheinlicher ist, dass Eltens Helfer den Wilddieb nach dessen Schuss auf den Jäger stellen konnten und ebenfalls im Sinne der Selbstjustiz töteten. „Um dafür nicht belangt zu werden, erfanden sie die heldenhafte Geschichte um ihren Vorgesetzten." Und als „Beweis" inszenierten sie den Tatort und legten den Wilderer genau 18 Schritte entfernt von dem Jäger nieder.

Das hatte ungeahnte Folgen. Davon zeugt eine besondere Grabstätte mit einem Denkmal auf dem Wennigser Friedhof. „Der königliche Hof und das Ober-Jagd-Departement in Hannover entschieden, dass Elten ein Staatsbegräbnis bekommen sollte. Das war wirklich ungewöhnlich", kommentiert Gehrke. Der Wilddieb Meyer aus Münder wurde einen Tag später, nach der Beisetzung des königlichen Jägers, ebenfalls auf dem Wennigser Friedhof in einem anonymen Grab beerdigt. „Seine Witwe wird das Geld für die Überführung nicht gehabt haben", ist sich Gehrke sicher. Zu ihrer Familie gehörten sieben Kinder.

„An der Stelle, wo Elten verstarb, wurde ein Gedenkstein aufgestellt, mitten im Wald, wo lange Zeit gar kein Weg hinführte." Erst Anfang des 20. Jahrhunderts wurde ein Wanderweg dorthin angelegt, fand der geschichtsinteressierte Anwohner heraus: „Und selbst der verläuft einige Meter entfernt an dem Gedenkstein vorbei."

Beide Steine, den auf dem Friedhof sowie den im Deister, gestaltete der Bildhauer Ernst von Bandel aus Hannover (1800-1876), der auch das Hermannsdenkmal im Teutoburger Wald schuf. Auf ihnen steht geschrieben: *Als Mensch achtungswerth und liebenswürdig, im Dienste ausgezeichnet durch Muth und Tüchtigkeit, starb er in seinem Berufe durch die Kugel eines Wilddiebes, dem er selbst im Sterben den Tod gab.*

Für Winfried Gehrke beweist die Geschichte um den Jäger Elten und den Wilddieb Meyer: „Helden werden nicht geboren, Helden werden gemacht."

Rosa Legatis

So geht's zu den Gedenksteinen:

Die Grabstätte des königlichen Jägers liegt im Eingangsbereich auf dem Friedhof im Zentrum von Wennigsen an der Hauptstraße. Zum Gedenkstein im Deister führt der Elten-Wanderweg, der von der Münder Heerstraße (Ortsteil Waldkater) in den Wald abzweigt – nach circa zwei Kilometern kommt man zum Denkmal.

Für den Hausherrn Ernst-Günter Weiss hat das Widdergut Vier Eichen eine Seele.

48

Vier Eichen

Ein Herrenhaus mit Seele

Die Gemeinde Wennigsen liegt direkt am Deister, einem dicht bewachsenen Höhenzug mit hohem Erholungseffekt für zahlreiche Menschen aus der Region Hannover. Auf dem Weg dorthin fahren Besucher wie Einheimische häufig durch den Ortsteil Argestorf. Wer dabei die Augen offenhält, erlebt eine Überraschung: Etwas zurückgesetzt von der Straße hinter vier mächtigen Eichen bietet sich ein ungewöhnlicher Anblick – ein großes, weißes Herrenhaus: das Widdergut Vier Eichen. Es scheint auf den ersten Blick nicht so richtig zu den beiden Fachwerk-Scheunen rechts und links zu passen. Dabei handelt es sich – mit den Scheunen – um ein zusammenhängendes Hof-Ensemble. „Der Bauherr war Landwirt und Schafzüchter. Er hatte gute Verbindungen zum Rittergut in Bredenbeck", erzählt der heutige Besitzer Ernst-Günter Weiss. Dieses Gut war vom Königlichen Hannoverschen Oberhofbaumeister

Georg Ludwig Friedrich Laves (1788-1864) entworfen und 1822 gebaut worden. „Der Baumeister hat sich damit ein Zubrot verdient – wie mit der Errichtung des Widdergutes Vier Eichen." Auch wenn Anfang des 19. Jahrhunderts herrschaftliche Landsitze und landwirtschaftliche Produktion zunehmend räumlich getrennt wurden, fanden „konzeptionell zusammenhängende neopalladianische Hofanlagen als Konzept für herrschaftliche Landsitze bis dahin weiter Anwendung – so auch bei den Höfen Bredenbeck (1822), Walshausen (1829) und dem Widdergut Vier Eichen (1844) von Georg Ludwig Friedrich Laves", schrieb Ludwig Schwag in einem Beitrag zu einem Lavessymposium.

Den Anfang machte in Wennigsen-Argestorf eine Fachwerk-Scheune, sie wurde 1817 errichtet. „Dort kamen die Merinoschafe des Widderguts unter." Wenige Jahre später folgten die zweite Scheune und das Herrenhaus. „Noch heute ist das Jahr der Fertigstellung im Pfeiler des Gutstores zu lesen: *1844*. Zunächst war es nur eine Sommerresidenz des Landwirts", erzählt Weiss. „Jeder kann ein Haus bauen, aber Laves wollte mehr."

Der königliche Oberhofbaumeister Georg Ludwig Friedrich Laves erbaute das Widdergut Vier Eichen – 1844 war das Hofensemble fertiggestellt.

So war schon der Standort ein wichtiger Faktor für den Baumeister. Durch das Widdergut fließen bis heute zwei Bäche. Sie sorgten damals für genügend Wasser für Mensch und Tier. Außerdem gehörte ein Stück Wald zum Gut. Das machte die Bewohner des Anwesens unabhängig. „Holz war kostbar, nur die wenigsten Menschen konnten dieses wichtige Bau- und Heizmaterial ihr Eigen nennen und frei darüber verfügen."

Selbst den Namen der prächtigen Anlage hat Laves vorgegeben, indem er vier Eichen rechts und links von der Einfahrt pflanzen ließ. Auch heute noch spenden die starken Bäume mit ihren mächtigen Kronen

Schatten und begrüßen die Gäste. „ Und wer direkt in der Mitte des Tors steht, kann auf der anderen Straßenseite außerdem eine große Kastanie sehen", erklärt Ernst-Günter Weiss. „Genau in einer Linie auf der Rückseite des Hauses steht eine weitere Kastanie. Die eine blüht weiß und die andere rot."

Auch im Inneren ließ sich der Oberhofbaumeister einiges einfallen. „Laves hat alles genau durchdacht, es musste stimmig sein – und der Hausherr musste zahlen." So gab es im Keller einen Brunnen, einen für damalige Verhältnisse großen Backofen, einen Schlachtraum und eine Eiskammer. „Das war ein ganz modernes Gut", berichtet der heutige Gutsherr. Mit dem Erbauer des Widderguts verbindet ihn zweierlei, zum einen seine Liebe zu dem Gebäude-Ensemble und zum anderen die Schafe, auch er hat Merinoschafe gezüchtet – 45 Jahre lang.

„Jeder kann ein Haus bauen, aber Laves wollte mehr."

Nach vorheriger Absprache führt Ernst-Günter Weiss gern Gäste über das Gelände.

Und aus einem ganz besonderen Anlass dürfen Menschen auch sonst in das Gebäude: Das Standesamt Wennigsen hat in dem denkmalgeschützten Herrenhaus mit den kleinen Türmchen ein Trauzimmer eingerichtet. Schon so manches Brautpaar hat mit der Villa des Widderguts seinem feierlichen Tag noch das i-Tüpfelchen aufgesetzt. Für Ernst-Günter Weiss verständlich: Denn für ihn und seine Frau Hildegard ist das Widdergut Vier Eichen mehr als ein Zuhause. „Laves wollte immer eine Seele schaffen." Und das hat er in Wennigsen-Argestorf offensichtlich erreicht.

Rosa Legatis

So geht's zu den Vier Eichen:

Das Widdergut Vier Eichen befindet sich in Wennigsen-Argestorf an der Calenberger Landstraße.

Wasserhahn

Verehrt und bejubelt: der stärkste Mann der Welt

Hermann Dreier beugt sich vor. Seine rechte Hand steckt auf der Grasfläche vor ihm ein imaginäres Rechteck ab, etwa einen Meter mal zwei Meter. „Da!", sagt Hermann Dreier. Er schaut ein bisschen betrübt. „Da liegt er. Das Grab wurde eingeebnet. Aber er liegt da immer noch." Wo ist der Grabstein? „Weg", sagt Hermann Dreier. „Entsorgt." Es gibt nichts mehr, gar nichts? „Früher stand hier, wo ich jetzt stehe, ein Wasserbecken", sagt Dreier. „Da konnte man seine Gießkanne auffüllen. Sogar das ist weg." Immerhin: Ein Wasserhahn ist noch da. Und dort, unter der leeren Rasenfläche auf dem Friedhof der Evangelischen Kirchengemeinde Wunstorf, Eingang Senator-Meier-Straße, gegenüber von Abteilung 6r, da, wo dieser einsame Wasserhahn aus dem Boden ragt, da liegen die sterblichen Überreste von Hermann Görner. Der mal der stärkste Mann der Welt war. Und der Freund von Hermann Dreier.

Komischerweise kennt außer Hermann Dreier kaum noch jemand den einstigen Athleten Hermann Görner. Seit 2008 immerhin gibt es einen Wikipedia-Eintrag. Aber bekannt, gar berühmt ist Hermann Görner nicht. Jedenfalls nicht in Deutschland. Nur in den USA und in Großbritannien und in Südafrika. Da kennt ihn jeder Sportler, der ein wenig über Sportgeschichte weiß.

Hermann Görner kam 1891 in Hänichen bei Leipzig zur Welt und begann schon als Kind mit Krafttraining und Gewichtheben. Zum Athletenwettstreit bei den Europäischen Meisterschaften in Leipzig 1911 gibt es eine Ergebnisliste, die Görners Abschneiden beim Gewichtheben (Schwergewicht) auf Platz zwei notiert: „Einarmig Reissen 135 Pfd., Stossen 170 Pfd., beidarmig Stossen 250 Pfd."

Drei Jahre später brach der Erste Weltkrieg aus. Der 23-jährige Görner wurde in Frankreich schwer verwundet, bekam 200 Granatsplitter ab und verlor ein Auge. 20 Splitter blieben ihm im Körper. Was ihn nicht daran hinderte, schon bald nach dem Krieg einer der besten

Grab eingeebnet, Grabstein entsorgt – aber Hermann Dreier weiß immer noch, wo Hermann Görner begraben ist.

Schwerathleten Deutschlands zu werden. 1920 trat er gegen den damaligen Weltmeister Karl Mörke außerhalb der regulären Wettkämpfe im Fünfkampf (einarmiges Reißen, einarmiges Stoßen, beidarmiges Drücken, beidarmiges Reißen, beidarmiges Stoßen) an und erreichte eine Gesamtleistung von 597,5 Kilogramm (alles, was er gewuppt hatte, zusammengerechnet). Weltbestleistung. Und Görner wurde nie übertroffen. Das lag allerdings auch daran, dass von 1934 an keine Fünfkämpfe im Gewichtheben mehr ausgetragen wurden.

Unabhängig davon war die schiere Kraft dieses Mannes – der bei 1,84 Metern Körpergröße 110 bis 120 Kilo wog und einen Oberarmumfang besaß, den andere Männer mit Mühe bei den Oberschenkeln erreichen, nämlich 48 Zentimeter – unvorstellbar. 1920 hob er 360 Kilo mit beiden Armen aus dem Kreuz vom Boden hoch. Weltrekord. 1933 waren es, mit einer etwas anderen Grifftechnik, 376,5 Kilo. Wieder Weltrekord. Dennoch war seine Sportlerkarriere eigentlich schon 1929 vorüber: Da hatte er sich an der Hand verletzt und konnte bestimmte Dinge nicht mehr trainieren. Aber für Hermann Görner bedeutete dies keineswegs das Ende. Er wechselte ins Showgeschäft, trat in Zirkussen auf.

Görner bog Hufeisen. Er legte sich auf den Rücken, ließ sich eine Bohle auf den Füßen platzieren und stemmte dann 24 darauf sitzende Männer hoch. Er rang mit einem (kleinen) Elefanten. Er hob einen Konzertflügel von einem Wagen und trug ihn davon. Er legte sich ein Brett auf den Brustkorb, auf dem anschließend sechs Balletteusen tanzten. Er ließ ein mit sechs Leuten besetztes Auto auf eine Brücke fahren und hob dann alles, Auto und Leute und Brücke, zusammen rund 40 Zentner, mit den Schultern an. Hermann Görner wurde für all das verehrt und bejubelt, reiste um die Welt, schüttelte dem Prince of Wales die Hand. Und wenn er Besuch bekam und der wieder wegfuhr, hob Görner das Auto zum Spaß ein bisschen hoch und ließ die Reifen durchdrehen, sodass der Besucher nicht vom Fleck kam.

Das machte er auch noch mit 60. Da war er aber schon beinahe vergessen. Was im Zweiten Weltkrieg mit Görner geschah, ist nicht verbrieft. Angeblich war er sogar eine Weile in einem Konzentrationslager. Verbrieft ist: 1947 stand Hermann Görner zusammen mit seiner Frau Elsie mittellos auf dem Hof des Klein Heidorner

Gemeindedirektors und hoffte auf die Zuweisung einer Unterkunft. Das kann Hermann Dreier bezeugen, das hat er selbst gesehen, denn Dreier war damals Briefträger und kam gerade auf den Hof, um die Post abzuliefern. Die Görners bezogen eine zehn Quadratmeter große Wohnküche im Haus Nr. 70 in Klein Heidorn – damals gab es noch keine Straßennamen dort, es gab nur Hausnummern. Heute lautet die Adresse Heidorner Straße 58. Görners Frau Elsie – „eine liebe, vornehme Frau“, sagt Hermann Dreier – hatte nicht mehr lange zu leben, sie starb 1948. Die beiden Hermanns aber freundeten sich an. „Er kam zu uns zum Rommé-Spielen“, erzählt Hermann Dreier. „Bevor wir auch nur anfangen konnten, hatte er schon sechs oder sieben Scheiben Brot weggeputzt.“ Einer Zeitung hatte Görner mal verraten, wie man ernährungstechnisch vorgehen muss, wenn man stark werden will. Erstens: „Obst essen.“ Zweitens: „Wenig Fleisch und Wurst.“ Er rauche (!) ansonsten nur mäßig, meinte der Athlet, trinke noch weniger Alkohol, meide Süßigkeiten. Am besten sei es, zu essen, was schmeckt. Aber aufzuhören, wenn es gerade am besten schmeckt.

„Er liegt da immer noch.“

Hermann Görner integrierte sich rasch in Klein Heidorn. Er war alles andere als ein Kraftprotz. Hermann Dreier hat ihn als „ruhig und bescheiden“ in Erinnerung. „Man konnte sich sehr gut über alles mit ihm unterhalten.“ Er nahm, auch wenn er von nur 96 Mark Kriegsrente leben musste, am Vereinsleben im Dorf teil und hat sich den ewigen Dank des TSV Klein Heidorn dadurch gesichert, dass er dem Club in den Mangelzeiten nach dem Krieg durch seine Beziehungen ins Ausland einen echten, nigelnagelneuen Lederfußball besorgte. Der TSV machte ihn im Gegenzug zum Ehrenmitglied. „Hermann Görner war auch im Gesangverein“, erzählt Hermann Dreier. „Er konnte zwar nicht singen, aber das haben wir mal gelten lassen.“ Seine Kraft hat er nie mehr besonders zur Schau gestellt. Nur manchmal hat er wie nebenbei einen Sack mit 50 Kilo Kartoffeln mit einer Hand angehoben und auf den Tisch gestellt.

Hermann Görner starb im Juni 1956. Auf seinem Grabstein stand: „Stärkster Mann aller Zeiten.“ Das hat dann in den 70er-Jahren irgendjemand, der sich für schlau hielt, wegmeißeln lassen. Doch inzwischen ist das unerheblich, denn der ganze Grabstein ist nicht mehr da. Vielleicht stellt die Gemeinde irgendwann stattdessen eine Gedenktafel auf. Die Stelle vor dem Wasserhahn auf dem Friedhof wäre ein prima Platz.

Der Anfang zum Wiedererinnern immerhin ist gemacht: Im Stadtarchiv Wunstorf befindet sich seit einiger Zeit ein Buch mit dem Titel „Goerner the Mighty", Erscheinungsjahr 1951, Verlag The Vulcan Publishing, Leeds, England. Und Hermann Dreier vergisst seinen Freund sowieso nicht. Schon wegen des Fotos nicht, das ihm Görner gleich zum ersten Weihnachten geschenkt hat. Darauf posiert der Athlet mit muskelbepacktem Oberkörper, und auf der Rückseite steht in schön geschwungener, gleichmäßiger Handschrift: „Hermann Dreier, meinem lieben Sportfreund gewidmet, Hermann Görner. Weihnachten 1947 und Neujahr 1948."

Bert Strebe

So geht's zum Wasserhahn:

In der Senator-Meier-Straße in Wunstorf befindet sich der Nebeneingang des Friedhofs. Man geht auf der Innenseite der Hecke entlang der Senator-Meier-Straße bis zum Ende der Gräberfelder, biegt dann rechts ab. In Höhe von Feld 6r (siehe auch Hinweistafel am Eingang) findet sich linker Hand neben einen Busch eine leere Rasenfläche, an deren Kopfende der Wasserhahn aus dem Boden ragt.

Jürgen Engelmann kann die Burg nicht zeigen, er kann nur zum Ufer des Steinhuder Meers führen, wo die Reste unter den Wellen liegen. Immerhin ist „Undines Traum“ zu sehen.

50

Undines Traum

Die Burg unter Wasser

Jürgen Engelmann hebt die Hand über die Augen und schaut. „Wie Sie sehen …“, sagt er. Und überlässt es dem Besucher, den Satz zu vollenden: „… sehen Sie nichts.“ Jürgen Engelmann nimmt die Hand wieder runter, verschränkt dann beide Hände hinter dem Rücken. „Na ja, etwas sieht man schon“, sagt er. Er macht eine Bewegung mit dem Körper zur Uferkante hin. Er lächelt. Er lächelt eine Spur ironisch.

In der Tat. Wir sehen was. Wasser. Außerdem Wasser. Und schließlich: Wasser. Wir stehen ja auch am Steinhuder Meer, da ist lange nichts anderes zu erkennen. Nur ganz in der Ferne das gegenüberliegende Ufer und etwas näher die künstliche Insel Wilhelmstein. Und noch ein paar Boote. Aber das, was wir gerne sehen würden, sehen wir nicht. Das kann man nicht sehen. Es liegt unter den kurzen Wellen: eine versunkene Burg.

Halt, wir sehen doch was. Nah am Ufer steht ein Kunstwerk im Wasser. Noch mal Wellen, diesmal aus Edelstahl, an einem Pfahl mit einem Verklicker. (Für Nichtsegler: Ein Verklicker ist das kleine Fähnchen oben am Mast eines Segelboots, das dem Segler verklickert, woher der Wind weht.) Die Skulptur heißt „Undines Traum" Damit haben wir alles zusammen, was zu dieser Geschichte gehört.

Erstens: Jürgen Engelmann. Er ist seit 25 Jahren Ortsbürgermeister von Steinhude und seit sechs Jahren Vorsitzender des örtlichen Heimatvereins. Er kann zu jeder Kleinigkeit im Ort eine Geschichte erzählen, zu dem sogenannten Drebelkahn an der nahen Mole, in dem früher der Fisch der Fischer gesammelt wurde, von dem Haus schräg gegenüber mit der Piratenflagge, wo mal im Winter die Eisschollen des Sees durch den Fußboden gebrochen sind … Aber das führt zu weit.

„Wir haben damals beim Tauchen Reste von Pfählen gefunden."

Zweitens: das Steinhuder Meer. Eiszeitsee, 14.000 Jahre alt. Flach, im Schnitt keine anderthalb Meter tief. Es gibt Leute, die steigen an manchen Stellen einfach aus ihrem Boot aus und stehen dann im Meer. Ach ja: Meer? Wieso heißt ein Binnensee mit knapp 30 Quadratkilometern Meer? Weil der Name aus dem Niederdeutschen kommt. Und weil alle größeren Gewässer auf Platt „Meer" heißen. Weswegen auch Ozeane Meere sind.

Drittens: Undine. Der schöne, blasse Wassergeist, der Männer heiratet, um eine Seele zu bekommen, und die Gatten umbringt, wenn sie untreu werden, wohnt im Steinhuder Meer. Friedrich de la Motte Fouqué (1777-1843), der die Geschichte der Nixe 1811 aufgeschrieben hat, war 1796 als Soldat in der Nähe von Bückeburg stationiert; es gilt als erwiesen, dass ihn das Steinhuder Meer zu der

Erzählung inspiriert hat. Die wiederum den hannoverschen Bildhauer Hans-Jürgen Zimmermann zu der Skulptur „Undines Traum“ am Seeufer inspiriert hat.

Viertens: die untergegangene Burg. Irgendwann im 13. oder 14. Jahrhundert muss sie errichtet worden sein. Von wem und wofür und wie lange, weiß niemand.

Und wie hängt alles zusammen? Folgendermaßen: Erstens erzählt die Geschichte von Viertens, die in Zweitens versunken ist. Und Drittens weist uns die Stelle, wo das war.

„Von der Skulptur aus geradeaus aufs Wasser, vielleicht hundert Meter“, sagt Jürgen Engelmann. „Dann ein bisschen nach links.“ Da ist Engelmann als Junge mit seinen Freunden schwimmen gegangen. „Wir haben damals beim Tauchen Reste von Pfählen gefunden.“ Irgendwann waren auch Froschmänner dort und haben Scherben aus dem See geholt. Bruchstücke von Geschirr. Und es gibt inzwischen bunte, geheimnisvolle Unterwasserradarbilder von der Burg. Beziehungsweise von dem, was davon übrig sei, sagt Engelmann: „Erhebungen, Gräben. Rudimente der Anlage.“ Das Wort Burg klingt nach Zinnen und Zugbrücke. „Aber das waren wohl eher einfache Gebäude“, sagt der Ortsbürgermeister. „So was wie ein Burg-Stall. Fachwerk.“

Zwei Männer haben die Erforschung vorangetrieben. Der eine war der Mittelalterarchäologe und Burgenforscher Hans-Wilhelm Heine, der beim Niedersächsischen Landesamt für Archäologie gearbeitet hat und leider nicht mehr lebt. Er hat alte Texte und Funde zusammengeführt und interpretiert, hat Unterwasserradaruntersuchungen vorgenommen und Lage und Ausdehnung der Burg bestimmt. Alle wesentlichen Grundlagen zur Erforschung der Burg waren sein Verdienst. Der zweite Mann ist Timm Weski. Er ist Leiter des Restaurierungslabors für archäologische Funde des Bayerischen Amtes für Denkmalpflege in München und ein Wochenend-Steinhuder. Er bricht schon mal mit dem Ruderboot und dem Peilstock auf, um die Topographie unter Wasser zu erkunden. Weski hat mit der Vermutung aufgeräumt, es könnte sich bei der Unterwasserburg vor Steinhude um die sogenannte Kranenburg handeln, eine Anlage, die im 14. Jahrhundert urkundlich erwähnt wurde und über die sonst wenig bekannt ist. Die Unterlagen gäben das nicht her, sagt Engelmann.

Und Weski denkt auch nicht, dass die Burg früher im See gestanden hat und dann bei irgendeinem Sturm malerisch abgesoffen ist. Oder dass Undine sie geholt hat (Undine holt nur Männer, nicht ihre Behausungen). Es war vermutlich ganz profan: Die Burg stand auf einer Torfschicht. Die Wellen schlugen dagegen, jahrelang, jahrhundertelang. Irgendwann war der Torf abgetragen, die Burg unterspült. Und deswegen verschwand sie im See.

Bert Strebe

So geht's zu Undines Traum:

Man begibt sich in Steinhude, die Graf-Wihelm-Straße entlangkommend, geradeaus durch die kleine Allee-Fußgängerzone zum Ufer des Steinhuder Meeres und wendet sich dann auf der Uferpromenade nach links. Nach 120 Metern, kurz hinter der Mole, findet sich die Edelstahlskulptur in Ufernähe im Wasser. Die versunkene Burg liegt etwa 100 Meter weit im Wasser unter der Oberfläche.

Quellen, Literatur, Bildnachweis

Adam, Bernd: „Hardenbergs Wirken als Oberhofbaudirektor". In: Bothmer, Wilken von; Köhler, M. (Hrsg): Im Auftrag der Krone. Rostock 2011, S. 35 ff.

Bauer, Kai; Stephan, Michael; Harborth, Bettina: „vor Ort 1993". Ausstellungskatalog. Langenhagen 1993.

Benne, Simon: „Hannovers heimlicher Herrscher". In: Hannoversche Allgemeine Zeitung.

Benne, Simon: „Stauffenbergs Zeit in Hannover: Lehrjahre eines Offiziers". In: Hannoversche Allgemeine Zeitung vom 17.01.2009.

Benne, Simon: „Wer ruht wirklich im Leibniz-Grab?" In: Hannoversche Allgemeine Zeitung vom 02.09.2000.

Benne, Simon: „Der lange Schatten der Vergangenheit". In: Hannoversche Allgemeine Zeitung vom 10.06.2001.

Benne, Simon: „Als der Kaiser nach Hannover kam". In: Hannoversche Allgemeine Zeitung vom 14.06.2013.

Benne, Simon: „Stadtteil Auf der Horst wird 50: Hannovers verlorene Tochter". In: Hannoversche Allgemeine Zeitung (HAZ) vom 04.05.2015. URL: http://t.haz.de/Hannover/Aus-der-Stadt/Uebersicht/Hannovers-Stadtteil-Auf-der-Horst-wird-50. Abgerufen am 23.06.2016.

Besucherbergwerk Klosterstollen. URL: http://www.klosterstollen.de/pages/index.html. Abgerufen am 12.06.2016.

Deister Anzeiger vom 19.08.2011.

Deister Anzeiger vom 23.06.1951.

„Der Einsiedler von Klein-Heidorn". In: Norddeutsche Zeitung vom 23.01.1951.

„Die ‚Burg' im Meer stand früher an Land". In: Wunstorfer Stadtanzeiger vom 02.04.2015.

Dralle, Horst: Engensen in Wort und Bild. Die Geschichte des Dorfes Engensen. Burgwedel 1997.

Dyck, Hartmut: „Der Mythos um das Eingemauerte Kind in der Renaissance-Festung Neustadts". In: Neustadt am Rübenberge, Geschichte, Mythen, Fakten, Historisches über Neustadt. Auf: ruebenberge.de. URL: http://www.ruebenberge.de/mythen/eingemauertes_kind.html. Abgerufen am 03.06.2016.

Ellerbrock, Bernd: Der Mittellandkanal - 325 Kilometer Wasserstraße von A bis Z. Hövelhof 2016.

Ellerbrock, Bernd: „8komma0", Blog. URL: http://www.8komma0.de/index.php. Abgerufen am 20.06.2016.

Evangelische Akademie Loccum: „Corvinus-Stiftung. Eine Stiftung zur Förderung der Evangelischen Akademie Loccum". URL: http://www.loccum.de/stiftung/corvinus.html. Abgerufen am 25.06.2016.

Ev.-luth. St. Andreas-Kirche zu Springe (Deister): Kirchengeschichte. April 1983, S. 16, 19.

Fleck, Hans: „Das Hattorfsche Erbbegräbnis". In: Die Brücke, Ausgabe Januar–März. Isernhagen 1981.

Förderverein Strassenbahn Hannover e.V.: „Nachrichtenblatt". Vereinszeitschrift und Mitgliederinformation. Sonderheft „Linie 10". Juli/August 2011, S. 10, 13.

Franke, A.: „Die Überführung des Ems-Weser-Kanals über die Leine bei Hannover". In: Zeitschrift für Bauwesen. Ausgabe 67, 1917. In: Digitale Landesbibliothek Berlin. URL: http://digital.zlb.de/viewer/image/15239363_1917_03/73/. Abgerufen am 20.06.2016.

Gaststätte Zum Alten Posthof. URL: http://www.zumaltenposthof.de/. Abgerufen am 16.06.2016.

„Geigenbauer Karl Montag hält bedeutende Tradition der Cremona-Schule aufrecht", Zeitungstitel und Erscheinungsort unbekannt (vermutlich „Die Harke", Nienburg), 1977, dokumentiert auf der Internetseite der Karl-Montag-Gesellschaft. URL: http://www.lenz-online.de/montag/pics/moz01.png. Abgerufen am 28.05.2016.

Gemeinde Wedemark: Bewegte Steine – Der eiszeitliche Erlebnispfad am Brelinger Berg. Flyer der Gemeinde Wedemark.

Haase, Bernd: „Riese auf Ackerfläche in der Wedemark ist ein Blickfang". In: Hannoversche Allgemeine Zeitung vom 10.06.2010.

Hammerstein, Eugen Freiherr von: Das Schwert der Gerechtigkeit. Hannover 1847. Zitiert nach: Heun/Rust, a.a.O.

Hartmann, K.: Geschichte der Residenzstadt Hannover von den ältesten Zeiten bis auf die Gegenwart. Hannover 1880, S.50-52, 247, 295.

Heckscher, Kurt: Die Volkskunde des Kreises Neustadt am Rübenberge. Die Volkskunde der Provinz Hannover, Band 1. Hamburg 1930.

Heim, Sebastian: St. Marien in Isernhagen K.B. Isernhagen 2008.

Heimatgruppe Gehrden. URL: http://www.heimatbund-niedersachsen.de/Gehrden.pdf. Abgerufen am 05.05.2016.

Heine, Walther und Piesch, Rainer: Heimatbund Niedersachsen e. V., Bericht der Gruppe Gehrden. „Benther-Berg-Terrassen" (Erichs Ruh), Heft 31, Gehrden 2015.

Henninger, Karl; Harten, Johann von: Niedersachsens Sagenborn. Hildesheim 1927 (zitiert nach ruebenberge.de).

Henninger, Karl; Harten, Johann von: Niedersachsen Sagenborn. 7. Auflage, Hildesheim 1953, S. 29.

„Herkules II. lebt in Klein-Heidorn". In: „Niedersächsische Heimat", 23.01.1951.

Heun, Dieter und Rust, Heidi: Komm mit! – Eine unterhaltsame Reise durch die Burgdorfer Stadtgeschichte. Burgdorf 2012.

Heun, Dieter und Rust, Heidi: Tatort Burgdorf – Spektakuläres und Kurioses aus der Burgdorfer Kriminalgeschichte. Burgdorf 2013.

Hoffmann, Adolf: Die mittelalterlichen Steinkreuze, Kreuz- und Denksteine in Niedersachsen. 1935, S. 19.

Holz, Markus: „Rohbau der neuen Willehadi-Kirche steht". In: Hannoversche Allgemeine Zeitung (HAZ) vom 28.03.2016. URL: http://www.haz.de/Hannover/Aus-der-Region/Garbsen/Nachrichten/Richtfest-fuer-Garbsens-neue-Willehadi-Kirche-am-8.-April. Abgerufen am 23.06.2016.

Karkosch, Heidrun: Museum auf dem Burghof, Archiv.

Karl-Montag-Gesellschaft. URL: http://www.lenz-online.de/montag/. Abgerufen am 28.05.2016.

„Kein Nachruhm für den stärksten Mann". In: Leine-Zeitung vom 25.02.1972.

Kirchenvorstand der Ev.-luth. Matthäus-Kirchengemeinde Lehrte (Hrsg.): Kirchenjubiläum in Lehrte 2001. 125 Jahre Matthäuskirche am Markt. Lehrte 2001.

Krüger, Bodo: Der rote Berg – ein gutes Stück Sehnde. Vom Förderwagen zur Straßenbahn. Eine Landschaft verändert sich. 5. Auflage, 2012.

Kulturverein Brelingen. URL: http://www.feldkulturerbe.de/brelinger-mitte-wedemark. Abgerufen am 28.05.2016.

Kunstverein Langenhagen. URL: http://www.kunstverein-langenhagen.de/de/ueber_uns/profil.html. Abgerufen am 21.06.2016.

Landkreis Neustadt: Der Landkreis Neustadt am Rübenberge. Neustadt 1958.

Lauber, Martin: „Wer weiß etwas über Friedrich Daps' Familie?" In: Nordhannoversche Zeitung vom 17.03.2015.

Lauber, Martin: „Zeitzeuge: Euthanasie-Mord am Cousin war kein Thema". Nordhannoversche Zeitung vom 01.04.2015.

Lauber, Martin: „Ortsrat stimmt für das Mahnmal". In: Hannoversche Allgemeine vom 18.07.2012. URL: http://www.haz.de/Hannover/Aus-der-Region/Burgwedel/Nachrichten/Ortsrat-stimmt-fuer-das-Mahnmal. Abgerufen am 13.06.2016.

„‚Leck-Meck-Männchen' – ein Hinweis auf Rivalitäten zwischen den Orten Barsinghausen und Kirchdorf?". In: Calenberger Zeitung vom 16.04.1983.

Leinekunst.de: „Projekt Kröpcke, 1885 bis 2007". URL: http://www.leinekunst.de/kroepcke.html. Abgerufen am 01.07.2016.

Lochte, Denis: „130 Jahre! In BILD erzählt die Kröpcke-Uhr aus ihrem Leben. Guckt mal, wie Hannover tickt!". In: BILD Hannover vom 30.05.2015. URL: http://www.bild.de/regional/hannover/uhren/guckt-mal-wie-hannover-tickt-41155756.bild.html. Abgerufen am 01.07.2016.

Löns, Hermann: „Von Barsinghausen nach Egestorf". In: Hannoverscher Anzeiger, Beilagen Nr. 150, 151 und 152 (26., 27., 29.08.1893).

Ders.: „Tief unterm Deister". In: Hannoverscher Anzeiger vom 18.01.1903; abgedruckt in Mierau, Udo; Wildhagen, Gudrun: „Ich weiß ein Land…" – Hermann Löns im Deister, Süntel und im Calenberger Land. Barsinghausen 1993.

Lommatzsch, Martini, Matthies u. a.: Kirchdorf – Aus der Geschichte eines Dorfes am Deister. Stadt Barsinghausen (Hrsg.) 1992.

Ludowici, Babette; Bartelt, U.; Brückner, M.; Peters, D.: „Nicht allein auf weiter Flur: Siedlung und merowingerzeitlicher Friedhof in der Calenberger Börde". In: Archäologie in Niedersachsen 2014, Band 17. Oldenburg 2014, S.118-120.

Menkens, Gunnar: „Als der ‚totale Krieg' nach Hannover kam". In: Hannoversche Allgemeine vom 25.07.2013. URL: http://www.haz.de/Hannover/Aus-der-Stadt/Uebersicht/Als-der-totale-Krieg-nach-Hannover-kam. Abgerufen am 01.07.2016.

Mlynek, Klaus; Röhrbein, W.: Geschichte der Stadt Hannover, Band 2. Hannover 1994, S. 298, 554, 622.

Motte Fouqué, Friedrich de la : „Undine“. URL: http://gutenberg.spiegel.de/buch/undine-1368/1. Abgerufen am 09.06.2016.

Müller, Werner; Baumann, Günther E.: Kreuzsteine und Steinkreuze in Niedersachsen, Bremen und Hamburg. 1988, Nr. 3624.5.

NABU Laatzen e. V.: „Kopfweiden – Pflege und Entwicklung in der Südlichen Leineaue bei Hannover“. URL: http://nabu-laatzen.de/cms/upload/dokumente/kopfweiden_080520.pdf. Abgerufen am 07.05.2016.

Natur-Kultur-Wassel: „Vergessene Burgen in unserer Nachbarschaft“. URL: http://natur-kultur-wassel.de/images/Asseburg/VergesseneBurgenArtikel.pdf. Abgerufen am 24.06.2016.

Natur-Kultur-Wassel: „Siedlungen, älter als die Asseburg“. URL: http://natur-kultur-wassel.de/index.php/botschaften-aus-dem-erdreich. Abgerufen am 24.06.2016.

Natur-Kultur-Wassel: „Die Burg und die Asseburg“. URL: http://natur-kultur-wassel.de/index.php/asseburg. Abgerufen am 24.06.2016.

Neander, Rebekka: „Schulenburg-Nord – Ein Dorf verschwindet“. Blog, 2011 ff. URL: http://schulenburg-nord.haz.de/. Abgerufen am 18.06.2016.

Neumann, Heinz und Heun, Dieter: Burgdorfer Häuser – Burgdorfer Köpfe. Alte Häuser und ihre Geschichte und Erinnerungen an Bürger unserer Stadt. Zeitgeschichtliche Hefte der Stadt Burgdorf, Heft 5. Burgdorf 2008.

Oerie.de: „Der Absturz der B-24 ‚Ark Angel‘ bei Oerie“. URL: http://www.oerie.de/index.php/geschichte-n/b-24/60-der-absturz-der-b-24-ark-angel-bei-oerie. Abgerufen am 02.06.2016.

Priebs, Axel und Scholl, Rose (Hrsg.): Der Griff nach den Sternen. Geschichte und Gegenwart des Garbsener Stadtteils Auf der Horst. Münster 2016.

Psychiatrische Klinik Lüneburg: „Euthanasie-Gedenkstätte Lüneburg“. URL: http://www.pk.lueneburg.de/gedenkstaette. Abgerufen am 13.06.2016.

Radtke, Dorothea und Günter (Hrsg.): Chronik Uetze – Ein Dorf im Wandel der Jahrhunderte. Uetze 1995.

Rexrodt, Ingrid: „Das Provinzialgut Lohne“. In: Ortsrat Neuwarmbüchen: Historisches Neuwarmbüchen – Der Wegweiser für einen Rundgang auf dem Historischen Pfad zu Baudenkmalen und anderen Orten außerhalb der Ortschaft. Isernhagen Mai 2016. URL: http://www.isernhagen.de/pics/medien/1_1433406397/04_Wegweiser_Rundgang_Baudenkmaeler_2016.pdf. Abgerufen am 17.06.2016.

Rudnick, Carola S. : Den Opfern ein Gesicht, den Namen wieder geben. Zwölf Lebensgeschichten von Kindern und Jugendlichen der Lüneburger ‚Euthanasie‘-Maßnahmen. Ausstellungskatalog, Lüneburg 2014.

Saul, Norbert: „Biografie des Michael von Obentraut“ / „Vom deutschen Michel“ / „Der Bildhauer Jeremias Sutel und das Seelzer Obentrautdenkmal“. URL: http://www.seelze.de/seelze/wissenswert/stadtgeschichte/michael-von-obentraut/. Abgerufen am 16.06.2016.

Scheelje, Reinhard und Neumann, Heinz: Geschichte der Stadt Burgdorf und ihrer Ortsteile. Burgdorf 1992.

Scholl, Rose: „50 Jahre Leben Auf der Horst: 250 Gäste nehmen an Ausstellungseröffnung teil“, Stadt Garbsen. URL: http://www.garbsen.de/portal/meldungen/50-jahre-leben-auf-der-horst--2019807247-21200.html?rubrik=904000037. Abgerufen am 12.07.2016.

Schwab, Ludwig: „Landbaukunst“. In: Lavesstiftung (Hrsg.): „…von vorzüglicher Monumentalität“. Symposium zu Georg Ludwig Friedrich Laves. Berlin 2014, S. 84-90.

Schildmacher, Siegfried: Freimaurer – Geheimbund oder Ethikschule?: Geschichte und heutiges Wirken der Freimaurer in Hannover, Hannover 2012.

Siebert, Wolfgang: „Planetenpfad in Garbsen: Sind unser Leben und diese Erde ein einzigartiges Phänomen?“ In: www.LeineBlick.de. URL: http://www.garbsenreport.de/Archiv/2003/Planetenpfad/planetenpfad.html. Abgerufen am 23.06.2016.

Spektrum: „Zeitrechnung“. URL: http://www.spektrum.de/quiz/zeitrechnung-nach-dem-gregorianischen-und-julianischen-kalender/694717. Abgerufen am 06.07.2016.

Stadtarchiv Garbsen.

Stadtarchiv Lehrte.

Stadtarchiv Sehnde: „Die Geschichte von Hohenfels“. In: Die Zeitreise, Ausgabe 7, Juni 2012.URL: http://www.sehnde.de/portal/suche.html?suchbegriff=zeitreise&x=0&y=0. Abgerufen am 23.06.2016.

Stadt Burgdorf: „Stadtgeschichte Burgdorf“. URL: https://www.burgdorf.de/stadtinfo/geschichte/. Abgerufen am 17.06.2016.

Stadt Garbsen: „Sehenswerter Anziehungspunkt für Stadtparkbesucher“. URL: http://www.garbsen.de/portal/meldungen/sehenswerter-anziehungs punkt-fuer-stadtparkbesucher-904000131- 21200.html?rubrik=904000007. Abgerufen am 05.05.2016.

Stadt Gehrden. URL: http://www.gehrden.de/

portal/pressespiegel/pfad-fuehrt-in-die-vergangenheit-905002355-22850.html. Abgerufen am 05.05.2016.

Stadtgeschichte Springe. Springe 1954, S. 177.

Stadt Laatzen: „Die südliche Leineaue". URL: http://www.laatzen.de/Die-suedliche-Leineaue.217.0.html. Abgerufen am 07.05.2016.

Stadt Langenhagen: „Schulenburg - Ortsteil Schulenburg-Nord". URL: http://www.langenhagen.de/index.phtml?mNavID=1620.464&sNavID=1620.593. Abgerufen am 18.06.2016.

Stadt Lehrte: „Stadtporträt". URL: http://www.lehrte.de/Rathaus/Stadtgeschichte/Stadtportraet.aspx. Abgerufen am 23.06.2016.

Stadtmarketing Lehrte: „100 Jahre Wasserversorgung – 100 Jahre Wasserturm". URL: http://stadtmarketing-lehrte.de/news/105/2/0/ m 100-jahre-wasserversorgung-100-jahre-wasserturm. Abgerufen am 16.06.2016.

Stadt Ronnenberg (Hrsg.): Ronnenberg Tour. 2. Auflage, Ronnenberg April 2013, S. 18.

Stadt Wennigsen: „Widdergut Vier Eichen". URL: http://www.wennigsen.net/freizeit-und-tourismus/sehenswuerdigkeiten/widdergut/. Abgerufen am 05.05.2016.

Stadtwerke Lehrte GmbH.

Stadtwerke Lehrte: „1912 – 2012. 100 Jahre Wasserversorgung in Lehrte". Festschrift. Lehrte 2012, S. 16.

Steinhuder Meer Tourismus GmbH. URL: http://www.steinhuder-meer.de/skulpturenpromenade/. Abgerufen am 09.06.2016.

Stiftung Kulturregion Hannover. URL: http://www.stiftung-kulturregion.de/. Abgerufen am 03.06.2016.

St. Marien. URL: http://www.stmarien-isernhagen.de/aktuelles.html. Abgerufen am 16.06.2016.

Stüber, Klaus; Sturm, Helga; Kokkelink, Prof. Dr.-Ing. Günther; Wiegmann, Heinz: „Das Mausoleum im Sundern". Förderverein Mausoleum Graf von Alten e.V. Hemmingen. 2. Auflage, Hemmingen 2015.

Testament, Altes: Psalm 26, Vers 6.

Testament, Neues: Lukasevangelium, Kap. 23, Vers 6-11.

TSV Klein Heidorn: TSV Klein Heidorn v. 1913 zum 100-jährigen Jubiläum 2013. Festschrift.

„Typisch Wedemark", Magazin der Verlagsgesellschaft Madsack, 29.01.2016.

Universal-Lexikon: „Hildesheimer Stiftsfehde". URL: http://universal_lexikon.deacademic.com/249943/Hildesheimer_Stiftsfehde. Abgerufen am 22.06.2016.

Was ist was: „Der Mittellandkanal". URL: http://www.wasistwas.de/archiv-technik-details/der-mittellandkanal-die-laengste-kuenstliche-wasserstrasse-deutschlands.html. Abgerufen am 20.06.2016.

Wasserstraßen- und Schifffahrtsverwaltung des Bundes, Neubauamt Hannover: „Kanalüberführung Leine". URL: http://www.nba hannover.wsv.de/baumassnahmen/abgeschlossene_baumassnahmen/neubau_leinequerung.html. Abgerufen am 20.06.2016.

Wedemark: Ausstellungsinformationen im Richard-Brandt-Heimatmuseum Wedemark, Gottfried-August-Bürger-Straße 1, 30900 Wedemark. URL: https://www.wedemark.de/bildung-kultur/museen/richard-brandt-heimatmuseum/daueraustellung/. Abgerufen am 28.05.2016.

Weiss, Anja. URL: http://anja-weiss.com/buecher/. Abgerufen am 28.05.2016.

Wesir, Timm: „Der Burgstall Burg im Steinhuder Meer. Forschungsgeschichte, Quellenlage und geophysikalische Untersuchungen". URL: http://www.academia.edu/11791628/Der_Burgstall_Burg_im_Steinhuder_Meer. Abgerufen am 09.06.2016.

Wiki.de: „Geld und Kaufkraft ab 1803". URL: http://wiki-de.genealogy.net/Geld_und_Kaufkraft_ab_1803. Abgerufen am 18.06.2016.

Wiki.de: „Genealogie-Projekt GenWiki". URL: http://wiki-de.genealogy.net/Geld_und_Kaufkraft_ab_1803. Abgerufen am 07.06.2016.

Wikipedia: „ Arnumer Landwehr". URL: https://de.wikipedia.org/wiki/Arnumer_Landwehr. Abgerufen am 30.06.2016.

Wikipedia: „Asseburg (Ringwall)". URL: https://de.wikipedia.org/wiki/Asseburg_(Ringwall). Abgerufen am 24.06.2016.

Wikipedia: „August I. (Braunschweig-Lüneburg)". URL: https://de.wikipedia.org/wiki/August_I._(Braunschweig-Lüneburg). Abgerufen am 22.06.2016.

Wikipedia: „Bahnhof Lehrte". URL: https://de.wikipedia.org/wiki/Bahnhof_Lehrte. Abgerufen am 17.06.2016.

Wikipedia: „Brelinger Berg". URL: https://de.wikipedia.org/wiki/Brelingen und https://de.wikipedia.org/wiki/Brelinger_Berg. Abgerufen am 28.05.2016.

Wikipedia: „Burgdorf". URL: https://de.wikipedia.org/wiki/Burgdorf_(Region_Hannover). Abgerufen am 17.06.2016.

Wikipedia: „Café Kröpcke". URL: http://de.wikipedia.org/wiki/Kröpcke. Abgerufen am 01.07.2016.

Wikipedia: „Claus Schenk Graf von Stauffenberg". https://de.wikipedia.org/wiki/Claus_Schenk_Graf_von_Stauffenberg. Abgerufen am 16.03.2016.

Wikipedia: „Dampflokomotive". URL: https://de.wikipedia.org/wiki/Dampflokomotive. Abgerufen am 17.06.2016.

Wikipedia: „Dreißigjähriger Krieg". URL: https://de.wikipedia.org/wiki/Dreißigjähriger_Krieg. Abgerufen am 16.06.2016.

Wikipedia: „Egestorfer Stollen". URL: https://de.wikipedia.org/wiki/Egestorfer_Stollen. Abgerufen am 12.06.2016.

Wikipedia: „Engensen". URL: https://de.wikipedia.org/wiki/Engensen. Abgerufen am 16.06.2016.

Wikipedia: „Friedrich de la Motte Fouqué". URL: https://de.wikipedia.org/wiki/Friedrich_de_la_Motte_Fouqué. Abgerufen am 09.06.2016.

Wikipedia: „Gedenkstätte Lüneburg". URL: https://de.wikipedia.org/wiki/Gedenkstätte_Lüneburg. Abgerufen am 13.06.2016.

Wikipedia: „Georg I. (Großbritannien)". URL: https://de.wikipedia.org/wiki/Georg_I._(Großbritannien). Abgerufen am 22.06.2016.

Wikipedia: „Georg Christian Heinrich David Thöne". URL: https://de.wikipedia.org/wiki/Georg_Christian_Heinrich_David_Thöne. Abgerufen am 18.06.2016.

Wikipedia: „Georg Wilhelm (Braunschweig-Lüneburg)". URL: https://de.wikipedia.org/wiki/Georg_Wilhelm_(Braunschweig-Lüneburg). Abgerufen am 22.06.2016.

Wikipedia: „Hans Michel Elias von Obentraut". URL: https://de.wikipedia.org/wiki/Hans_Michael_Elias_von_Obentraut. Abgerufen am 16.06.2016.

Wikipedia: „Hermann Görner". URL: https://de.wikipedia.org/wiki/Hermann_Görner. Abgerufen am 01.06.2016.

Wikipedia: „Isernhagen". URL: https://de.wikipedia.org/wiki/Isernhagen. Abgerufen am 16.06.2016.

Wikipedia: „Karl Montag". URL: https://de.wikipedia.org/wiki/Karl_Montag. Abgerufen am 28.05.2016.

Wikipedia: „Königlich Hannöversche Staatseisenbahnen". URL: https://de.wikipedia.org/wiki/Königlich_Hannöversche_Staatseisenbahnen Abgerufen am 16.06.2016.

Wikipedia: „Kröpcke-Uhr". URL: https://de.wikipedia.org/wiki/Kröpcke-Uhr. Abgerufen am 02.07.2016.

Wikipedia: „Kunst im öffentlichen Raum in Langenhagen". URL: https://de.wikipedia.org/wiki/Kunst_im_öffentlichen_Raum_in_Langenhagen. Abgerufen am 21.06.2016.

Wikipedia: „Langenhagen". URL: https://de.wikipedia.org/wiki/Langenhagen. Abgerufen am 21.06.2016.

Wikipedia: „Lehrte". URL: https://de.wikipedia.org/wiki/Lehrte. Abgerufen am 17.06.2016.

Wikipedia: „Louis Eilers Stahlbau". URL: https://de.wikipedia.org/wiki/Louis_Eilers_Stahlbau. Abgerufen am 20.06.2016.

Wikipedia: „Mittellandkanal". URL: https://de.wikipedia.org/wiki/Mittellandkanal. Abgerufen am 20.06.2016.

Wikipedia: „Napoleon Bonaparte". URL: https://de.wikipedia.org/wiki/Napoleon_Bonaparte. Abgerufen am 18.06.2016.

Wikipedia: „Stadtwerke Hannover". URL: https://de.wikipedia.org/wiki/Stadtwerke_Hannover. Abgerufen am 17.06.2016.

Wikipedia: „Steinkohle-Bergbau im Deister". URL: https://de.wikipedia.org/wiki/Steinkohle-Bergbau_im_Deister. Abgerufen am 12.06.2016.

Wikipedia: „Uetze". URL: https://de.wikipedia.org/wiki/Uetze. Abgerufen am 22.06.2016.

Winkel, Wilhelm: Geschichte der Stadt Neustadt am Rübenberge. Neustadt 1966.

Wolff, Carl: Die Kunstdenkmäler der Provinz Hannover. Schriften der Provinzial-Kommission zur Erforschung und Erhaltung der Denkmäler in der Provinz Hannover. 1899-1927.

Zeller, Eberhard: Oberst Claus Graf Stauffenberg. Ein Lebensbild. Paderborn 1994.

„200 Granatsplitter im Leib". In: Norddeutsche Zeitung vom 25. oder 26.01.1951.

Bildnachweis

Doris Schröder-Köpf, Foto: Regine Rabanus, S. 20.

Stadtwerke Lehrte, Foto: Joachim Lührs, S. 104.

Women's History, Covermotiv: Franz Xaver Winterhalter [Public domain], via Wikimedia Commons, S. 192.

1 Altar
2 Brüningstein
3 Drei Steine
4 Kröpcke-Uhr
5 Torbogen
6 Geleuchtnischen
7 Rathaus-Uhr
8 Tür
9 Leibniz-Grabstein
10 Wappen
11 Stollen-Mundloch
12 Leck-meck
13 Klinke
14 Ringwall
15 Thingstätte
16 Mahnmal
17 Ringofen
18 Planetenpfad
19 Alte Straßenbahnachse
20 Holle-Denkmal
21 Von-Alten-Mausoleum
22 Frühneuzeitliche Siedlung
23 Festplatz-Hainbuchen
24 Erbgrab
25 Kopfweiden
26 Delmer Eichen
27 Brunnen
28 Litfaßsäule
29 Wasserturm
30 Glocken
31 Eingemauertes Kind
32 Wegestein
33 Eisengitter
34 Steinbrocken
35 Kreuzsteine
36 Benther Bergterrassen
37 Obentraut-Denkmal
38 Alte Fahrt
39 Schienen
40 Quadratischer Stein
41 Marien-Brunnen
42 Türschlösser
43 Findling
44 Herzogentafel
45 Brelinger Riese
46 Quitmeyer-Tafel
47 Gedenksteine
48 Vier Eichen
49 Wasserhahn
50 Undines Traum

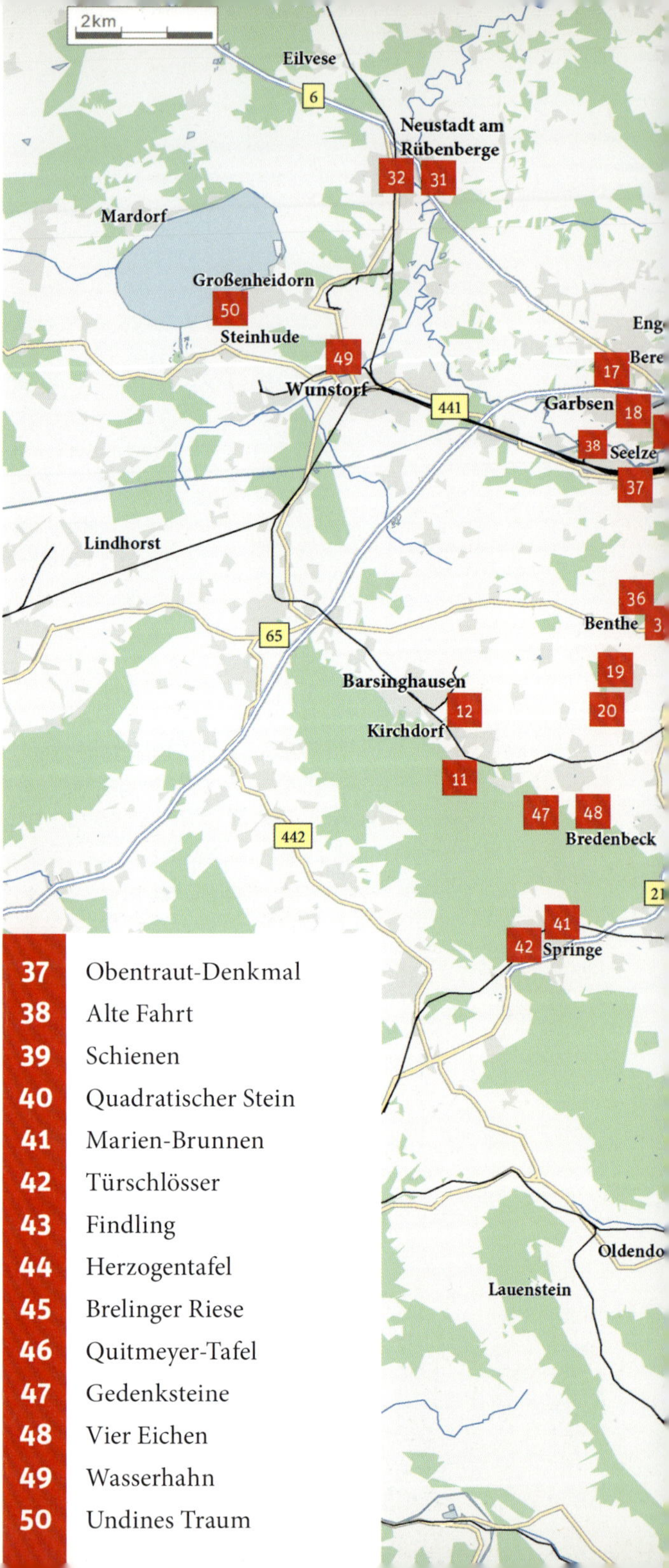

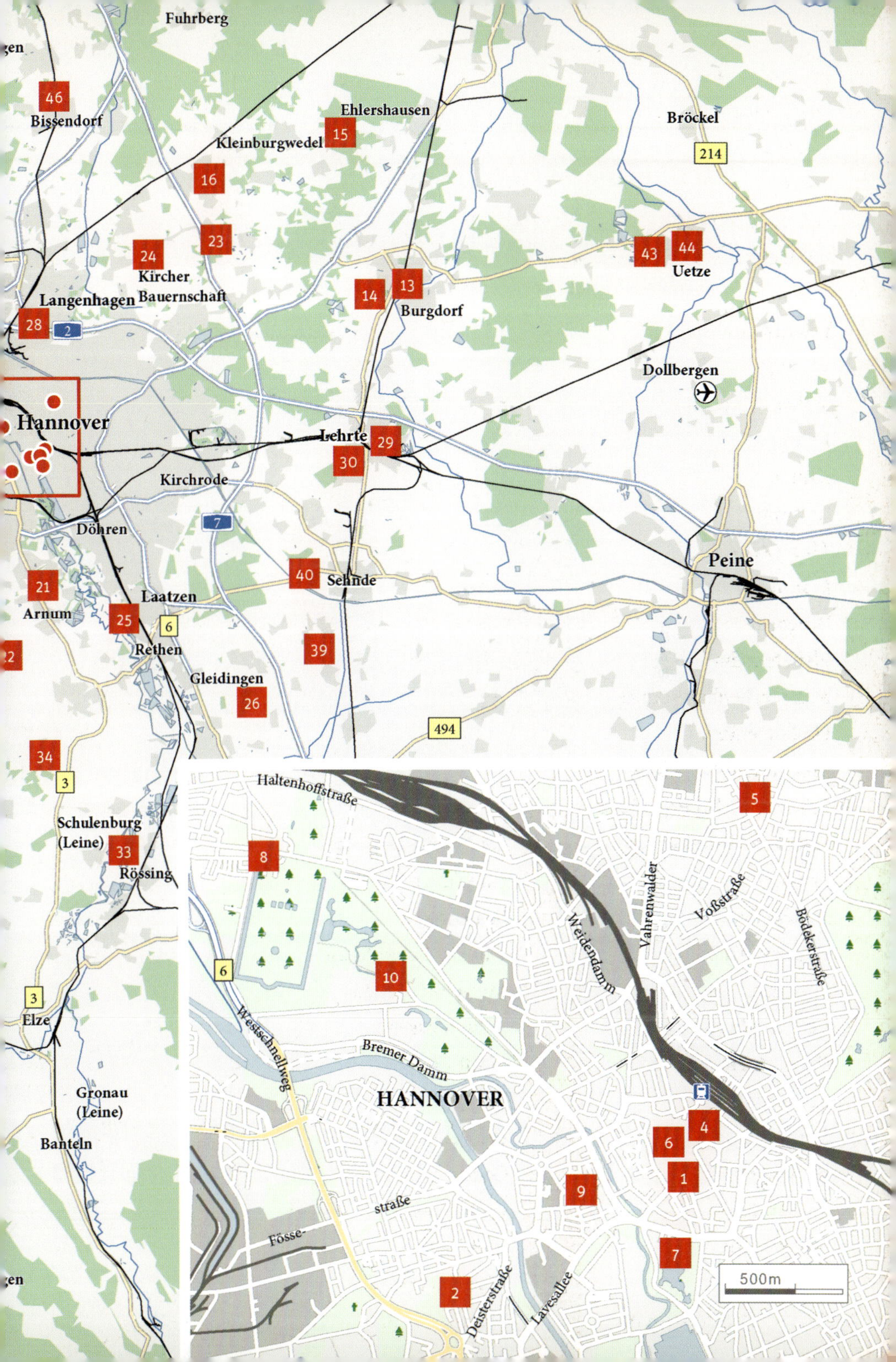
Fuhrberg
46
Bissendorf
Ehlershausen
15
Kleinburgwedel
Bröckel
214
16
23
24
Kircher
Bauernschaft
43
44
Uetze
14
13
Burgdorf
Langenhagen
28
2
Dollbergen
Hannover
Lehrte
29
30
Kirchrode
Döhren
7
Peine
40
Sehnde
21
Arnum
25
Laatzen
6
Rethen
39
Gleidingen
26
494
34
3
Schulenburg
(Leine)
33
Rössing
3
Elze
Gronau
(Leine)
Banteln
Haltenhoffstraße
5
8
Vahrenwalder
Voßstraße
Bödekerstraße
Weidendamm
6
10
Westschnellweg
Bremer Damm
HANNOVER
4
6
1
9
Fösse-
straße
7
500m
2
Deisterstraße
Lavesallee

SIE WOLLEN NOCH MEHR ÜBER

Hannover und die Region

WISSEN?

Hier gibt es sachkundige Informationen:

Arbeitskreis Ronnenberger Stadtgeschichte
Der Vorsitzende Wilhelm Kulke führt mehrmals im Jahr öffentliche Veranstaltungen zu historischen Themen in Ronnenberg durch.
E-Mail: wilhelm.kulke@gmx.de

Bernd Ellerbrock
Vortrag: In einer fotografischen Reise von West nach Ost wird der Mittellandkanal fakten- und facettenreich in Wort und Bild porträtiert.
Am Kirchfeld 6 | 30926 Seelze
Telefon: 0175 / 3549486
E-Mail: info@8komma0.de
Homepage: www.8komma0.de

Förderverein Strassenbahn Hannover e.V.
Homepage: www.strassenbahn-hannover.de

Führungen in der St.-Lucas-Kirche Pattensen, dem Wirkungsort von Antonius Corvinus
Evangelisch-lutherische St.-Lucas-Kirchengemeinde
Telefon: 05101 / 12428
E-Mail: KG.Lucas.Pattensen@evlka.de
oder:
Evangelisch-lutherischer Kirchenkreis Laatzen-Springe
Telefon: 05101 / 585610
E-Mail: sup.pattensen@evlka.de
Homepage: www.kirchenkreis-laatzen-springe.de

Winfried Gehrke
Der Eltenweg im Deister „Doppelmord am Hülsebrink" auf den Spuren des königlichen Hofjägers Eduard Elten
Tourismus-Service Wennigsen
Hauptstrasse 23 | 30974 Wennigsen
Telefon: 05103 / 700560
E-Mail: info@reisebuero-cruising.de
Homepage: www.reisebuero-cruising.de
Öffnungszeiten:
Mo. - Fr. 9 Uhr - 18 Uhr
Sa. 10 Uhr - 13 Uhr

Hannoversches Straßenbahn-Museum
Sammlung von historischen Straßenbahnwagen von 1895 bis ca. 1990. Viele Sonderveranstaltungen / Kino / Fahrsimulator / Eine Straßenbahn selber fahren
Hohenfelser Straße 16
31319 Sehnde-Wehmingen
Telefon: 05138 / 4575
E-Mail: presse@tram-museum.de
Homepage: www.tram-museum.de/
Öffnungszeiten:
Anfang April bis Ende Oktober sonn- und feiertags 11 Uhr - 17 Uhr

Mausoleum im Sundern
Im Sundern 1 | 30966 Hemmingen
Weitere Information:
Homepage: www.mausoleumsverein.de
Führungen und Informationen vor Ort finden am Tag des offenen Denkmals jeweils jährlich am zweiten Sonntag im September statt.

Nachtwächter Rundgänge
Gerhard Mestwerdt
Ratsnachtwächter Heinerich zu Springe
Regelmäßige Nachtwächterrundgange in Springe jeweils am zweiten Freitag im Monat ohne Anmeldung.
Sonderführungen sind jederzeit auf Anfrage möglich.
Am Potthof 5 | 30880 Laatzen
Telefon: 0511 / 221449
Mobil: 0172 / 5358999
E-Mail: nachtwaechter-springe@gmx.de
Homepage: www.springe.de/
www.nachtwaechter-gilde.de/
Regelmäßige Führungen März bis September 21 Uhr, Oktober bis

Dezember 20 Uhr

Natur-Kultur-Pfad Wassel
Unter dem Motto „Durchs Dorf und die Umgebung spazieren – Natur entdecken – Geschichte erfahren“ werden auf Anfrage individuelle Führungen für kleinere Gruppen angeboten. Eine spezielle Führung wendet sich auch an Kinder ab ca. 7 Jahren.
31319 Sehnde | OT Wassel
Homepage: http://www.natur-kultur-wassel.de

Öffentliche Stadtführung - Auf den Spuren Herzog Erich II.
Geschichte, Geschichten und das Leben heute
Treffpunkt: Am Löwen Zwischen den Brücken
Telefon: 05032 / 4540
E-Mail: stadtfuehrungen@aol.com
Homepage: www.stadtfuehrungen-neustadt.de
Termine:
Mai bis Oktober jeden 1. Samstag um 11 Uhr
Mai bis Oktober jeden 3. Mittwoch um 15 Uhr

Marion Wrede Marktkirchengemeinde - Kirchenpädagogik
Führungen: Die Marktkirche erkunden – als außerschulischer Lernort für Schulen.
Hanns-Lilje-Platz 2 | 30159 Hannover
Telefon: 0511 / 364370 oder 0175 / 2066755
E-Mail: marion.wrede@evlka.de
Homepage: www.marktkirche-hannover.de
Marktkirche geöffnet täglich 10 Uhr - 18 Uhr

Publikationen:

Ellerbrock, Bernd: Der Mittellandkanal – 325 Kilometer Wasserstraße von A bis Z. Hövelhof 2016.

Förderverein Mausoleum Graf Carl von Alten e.V.: Broschüre „Das Mausoleum im Sundern“. Hemmingen aktualisierte Auflage 2015.

Gehrke, Winfried: Die Eltengeschichte: „Mord am Hülsebrink im Deister“. Wennigsen (Deister) 2015.

Heim, Sebastian: St. Marien in Isernhagen K.B. Isernhagen 2008.

Kalbhenn, Bernward: Kleine Kunstführer. Hannover. Marktkirche St. Georgii et St. Jacobi. Regensburg 2016.

Krüger, Bodo: Der Rote Berg – ein gutes Stück Sehnde. Vom Förderwagen zur Straßenbahn – Eine Landschaft verändert sich. Sehnde 2012.
1. Auflage 2012 – 6. aktualisierte Auflage 2016.

Neander, Rebekka: http:/schulenburg-nord.haz.de/. Hannover 2012 ff.

Saul, Norbert: Beiträge zu Michael von Obentraut und seinem Denkmal in Seelze. http://www.seelze.de/seelze/wissenswert/stadtgeschichte/michael-von-obentraut/.

Scholl, Rose: Der Griff nach den Sternen. Geschichte und Gegenwart des Garbsener Stadtteils Auf der Horst. Münster 2016.

Stadt Ronnenberg; Kulke, Wilhelm: Ronnenberg, Sieben Traditionen - eine Stadt (Ronnenberg-Buch). Ronnenberg 2010.

Haftungsausschluss

Trotz intensiven Austauschs mit unseren Gesprächspartnern, gewissenhafter Literaturrecherche und aufmerksamem Korrekturlesen erheben wir weder einen Anspruch auf Vollständigkeit noch auf Fehlerlosigkeit. Wir haben streng darauf geachtet, keine Urheberrechte zu verletzen, unsere Recherchen sind nach bestem Wissen und Gewissen erfolgt. Dennoch übernehmen wir keinerlei Gewähr für die Aktualität, Korrektheit oder Vollständigkeit der bereitgestellten Informationen. Haftungsansprüche gegen uns schließen wir grundsätzlich aus.

DIE

Geheimnisse der Heimat

GIBT ES IN ...

- Aalen
- Bad Cannstatt
- Bamberg
- Bayreuth
- Berlin
- Bodensee (für Kinder)
- Bremen
- Bremerhaven
- Donaueschingen
- Esslingen
- Flensburg
- Friedrichshafen
- Hamburg 1 & 2
- Hannover 1 & 2
- Jena
- Konstanz 1 & 2
- München
- Regensburg
- Schwäbisch Gmünd
- Schwarzwald (für Kinder)
- Stuttgart
- Sylt
- Tübingen
- Überlingen 1 & 2
- Villingen-Schwenningen
- Würzburg
- ... und über Redewendungen!

IM BUCHHANDEL ODER UNTER: WWW.BAST-MEDIEN.DE

JETZT NEU:

Kalenderblätter

GIBT ES IN ...

- Konstanz
- München

52 faszinierende Geschichten aus den Kalenderwochen quer durch die Jahrhunderte

WEITERE GEHEIMNISSE UND KALENDERBLÄTTER SIND IN ARBEIT

NEU AM KIOSK AB 12/2016:

Women's History

Das Geschichtsmagazin für Frauen

Themen, die Frauen seit Jahrhunderten bewegen und die Männer seit Jahrhunderten an Frauen faszinieren

- Im Schatten der Kaiserin: Sisis Schwestern
- Jeanne d'Arc – die Lady Gaga ihrer Zeit
- Exklusive Interviews mit spannenden Frauen
- Giftmord und Verrat – historische Verbrecherinnen